베스트
BEST
중국어

③

베스트 BEST 중국어 ③

초판인쇄	2024년 2월 20일
초판발행	2024년 3월 10일

저자	최재영, 소영, 이은주
편집	엄수연, 연윤영, 최미진, 高霞
펴낸이	엄태상
디자인	진지화
조판	이서영
콘텐츠 제작	김선웅, 장형진
마케팅본부	이승욱, 왕성석, 노원준, 조성민, 이선민
경영기획	조성근, 최성훈, 김다미, 최수진, 오희연
물류	정종진, 윤덕현, 신승진, 구윤주

펴낸곳	시사중국어사(시사북스)
주소	서울시 종로구 자하문로 300 시사빌딩
주문 및 문의	1588-1582
팩스	0502-989-9592
홈페이지	http://www.sisabooks.com
이메일	book_chinese@sisadream.com
등록일자	1988년 2월 12일
등록번호	제300 - 2014 - 89호

ISBN 979-11-5720-250-8 14720
       979-11-5720-206-5 (set)

머리말

1990년대 이후 중국의 경제적 부상과 더불어 국내에서도 중국에 대한 관심과 중국어를 배우고자 하는 열기가 크게 일었고 중국어 교재 시장도 괄목할 만한 성장을 거두었다. 이와 함께 중국어 학습이 전공자에 국한되지 않고 다양한 학습 동기와 목적에 따라 대중화됨에 따라 교재의 내용과 수준도 매우 다양해졌다. 그러나 지금까지 국내 중국어 교재 시장은 실제 중국인과 대화를 나눌 수 있는 의사소통 기능에 초점을 맞춘 회화 교재가 주를 이루고 있기 때문에, 중국어 학습자를 위한 종합적인 성격의 교재를 찾기는 쉽지 않은 편이다.

집필진은 문법과 독해 실력을 종합적으로 배양할 수 있는 전공 중국어 교재의 필요성에 공감하고, 오랜 시간 심도 있는 논의와 정리 그리고 퇴고를 거쳐 본 도서를 집필하였다. 다음은 본 도서의 특징이다.

1. 상황을 통한 문형과 대화 연습을 통해 중국어 회화 표현력과 의사소통 능력을 효과적으로 배양하도록 하였다.

2. 본문 독해의 주제와 내용을 다양화하고 주요 문법 포인트와 표현을 반복적으로 활용하여 학습이 유기적으로 연결되도록 하였다. 또한 독해문의 형식 역시 다양하게 제시하여 학습에 도움이 되도록 하였다.

3. 꼼꼼하고 체계적인 문법 설명을 앞서 배운 주요 예문과 함께 제시하여, 학습한 내용이 유기적으로 연결되고 나선형으로 심화될 수 있도록 하였다.

4. 어떤 언어를 이해하려면 그 언어를 사용하는 사람들의 사고방식이 반영된 문화적 특성도 함께 이해할 필요가 있다. 이런 점을 고려하여 중국 문화 소개 코너를 배치하여 개별적이고 구체적인 문화 항목을 다루었다.

5. 배우고 익힌 내용은 복습을 통해 더욱 기억에 오래 남고 또 그것을 적절하게 사용할 수 있게 된다. 이에 제7과와 제14과에 복습과를 두 번 배치하여 학습한 내용을 확실히 이해하고 자신의 것으로 소화할 수 있도록 하였다.

현재 많은 학습자가 회화 위주의 중국어 학습을 선호하지만, 문형-독해-문법에 대한 이해 없이 중고급 단계로 도약하기란 쉽지 않다. 모쪼록 본서가 중국어 실력 향상을 목표로 하는 학습자에게 'BEST' 최고의 선택이 되길 바란다.

마지막으로 출판 시장이 어려운 지금 흔쾌히 본서의 기획과 출판을 함께해 준 시사중국어사와 여러 차례의 수정 요청에도 늘 성심으로 응대해 준 편집자에게 진심 어린 감사의 마음을 전한다.

旺山 守愚齋에서 저자 일동

목차

과	학습 목표	주요 표현	학습 내용
1	① 시간, 장소, 방식 등을 강조하여 표현하기	• 我的手机(是)今天上午丢的。 • 我不是打车来的，是坐公交车来的。 • 我是在地铁上捡到的钱包。 • 我想来想去还是没想好。 • 她一点儿也不像妈妈。	• 특수구문 '是……的'구문(1) 시간, 장소, 방식, 기타 강조 • 'V+来+V+去' • '一点儿也/都+不/没……' 중국 문화 성어로 읽는 중국 문화
2	① 상태의 지속 표현하기 ② 존재, 출현, 소실 표현하기	• 桌子上放着一本书。 • 房间里的灯没开着，关着呢。 • 我们班来了一个新同学。 • 他们班少了一名同学。 • 怪不得她没来上课，原来她病了。	• 상태의 지속 '着', 지속과 진행의 차이점 • 특수구문 '존현문' • 부사/형용사 '原来' 중국 문화 베이징 798 艺术区를 찾아서
3	① 화자의 주관적인 추측, 판단 등을 표현하기 ② 동작 상태의 반복 표현하기 ③ 지속상의 활용 문형 표현하기	• 他的话是很可信的。 • 那台手机是我的。 • 昨天我买了一双鞋，今天又买了一双。 • 这首歌真好听，我要再听一遍。 • 她躺着看小说呢。	• 비슷하지만 다른 '是……的'구문(2)와 '是……的'구문(3) • 부사 '又'(1)과 '再'(1) • 부사 '再'(2) • 지속상 '着'의 활용 중국 문화 중국인의 반려동물 사랑
4	① 형용사를 중첩하여 표현하기 ② 의무의 의미 표현하기 ③ 추측의 어감 표현하기	• 我妹妹打扮得漂漂亮亮的。 • 她认认真真地看书。 • 我的手冻得冰凉冰凉的。 • 今晚出差，我得早点儿去北京首都机场。 • 我想他不知道那件事。	• 형용사 중첩 • 조동사 '得' • 동사 '想'(2) 중국 문화 歇后语(끝줄임말)

5	① 비교되는 대상의 특성에 차이가 있음을 표현하기 ② '(要是)……的话'를 사용하여 가정 혹은 가설 표현하기	· 今天比昨天冷多了。 · 她很聪明，她妹妹比她还聪明。 · 他没有我高。 · 他不比我高。 · (要是)有时间的话，我就去旅行。 · 那座城市变得很现代化了。	· 특수구문 '차등비교구문'(2) · 접속어 '(要是)……的话' · 동사화 접미사 '化' 중국 문화 중국에서 지하철 타기
6	① 동작 완료와 상황의 변화를 동시에 나타내기 ② 추측의 의미를 표현하기 ③ 사물의 상태나 화자의 심리 상태가 도달한 정도를 표현하기 ④ 어림수 나타내기	· 我已经订了机票了。 · 我学了一年(的)汉语了。 · 你劝他别喝酒了。 · 天气这么暖和，今天不会下雪的。 · 我心情好得很。	· 조사 '了₁', '了₂'의 동시 사용 · '别……了', '不要……了' · 조동사 '会'(2) · 정도보어(2) S+V+得+C · 어림수(1) 숫자 나열 중국 문화 중국의 일기예보와 날씨
7		복습 (제1~6과)	
8	① 동작의 이동 방식과 이동 방향 동시에 표현하기 ② 동작 횟수 표현하기 ③ 상황이나 동작의 전환관계 나타내기	· 你的大衣找出来了。 · 她从外边买回来两杯奶茶。 · 上海我来过两回。 · 我现在去一趟便利店。 · 这条裤子虽然很好看，但是太贵了。	· 방향보어(2) · 동량사 '趟', '回' · 접속어 '虽然……, 但是……' 중국 문화 중국의 4대 요리
9	① 동작의 상태 묘사하기 ② 동작의 원인, 근거 표현하기 ③ 인체 기관을 나타내는 명사를 차용해서 동작의 횟수 표현하기 ④ 동작 및 상황의 인과관계 나타내기	· 看完那部电影，她感动得流下了眼泪。 · 他为那件事心里感到很生气。 · 根据天气预报，明天要下雨。 · 她喝了一口茶，又继续讲故事。 · 因为路上很堵，所以我来晚了。	· 상태보어(2) · 전치사 '为, 由于, 因为', '按照, 根据' · 차용동량사 '眼, 口, 脚', '刀' · 접속어 '因为 ……, 所以 ……' 중국 문화 중국의 인터넷 소설

10	① 방향보어 起来, 下去, 下来의 파생의미 표현하기 ② 동작의 대상 표현하기 ③ 어림수 나타내기	· 最近上海的天气热起来了。 · 那件事还要继续讨论下去。 · 和中国人聊天儿对提高口语水平很有好处。 · 我想和你们俩一起去，可以吗? · 这首歌我听了好几遍了。	· 방향보어(3) '起来', '下去', '下来' · 전치사 '跟, 和, 给, 对' · 어림수(2) '好几' 중국 문화 환경 보호를 위한 작은 실천
11	① '비사역 의미'의 겸어문 표현하기 ② 접속어로 두 절 간의 점층관계 나타내기	· 他请我介绍情况。 · 我们选他当班长。 · 听说他有一个朋友上北京大学。 · 他有一个孩子很可爱。 · 我们这儿没有人姓金。 · 汉语不但容易，而且很有意思。	· 특수구문 '겸어문'(2) · 접속어 '不但……而且……' 중국 문화 중국인의 건강 관리법
12	① 동작의 대상에 어떠한 동작이나 행위를 가하여 변화가 생겼음을 나타내기 ② 두 절 중의 하나를 선택하는 것을 나타내기	· 我把书放在桌子上了。 · 我把作业交给老师了。 · 我可以把这个句子翻译成汉语。 · 我还没把那本书还给图书馆。 · 这不是我的衣服，而是你的衣服。	· 특수구문 '把'구문(2) · 접속어 '不是……而是……' 중국 문화 중국의 결혼 풍속도
13	① 동일하거나 유사함을 나타내는 비교구문 표현하기	· 我的想法跟你一样。 · 他的意见跟别人不一样。 · 他考得跟我一样好。 · 他个子有他爸爸那么高。 · 坐公交车没有坐地铁(那么)快。	· 단순동등 비교구문 '跟……一样(……)' · 유사동등 비교구문 '有……这么/那么……' 중국 문화 중국에서 이사하기
14	복습 (제8~13과)		

이 책의 구성

문형 학습

본 과의 주요 문형에 단어 및 구를 교체하여
다양한 문장으로 응용하며
말하기를 연습합니다.

독해

등장 인물들의 이야기를 비롯한
다양한 성격의 지문을 학습합니다.

문법 학습

독해 속 중국어 문장의 주요 문법을 학습합니다.

연습 문제

본 과에서 학습한 내용을 듣기, 쓰기의
문제 형식으로 복습합니다.

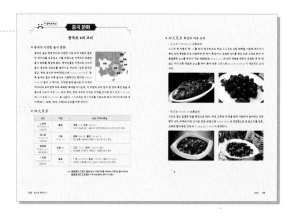

중국 문화

중국 전통 문화와 오늘날 중국의
다양한 생활 문화를 소개합니다.

복습

앞에서 학습한 6개 과의
단어, 문장, 주요 표현을 복습합니다.

등장인물

박지민
朴智敏 Piáo Zhìmǐn
한국 유학생

김윤서
金允瑞 Jīn Yǔnruì
한국 유학생

톰 그랜트
汤姆·格兰特 Tāngmǔ Gélántè
미국 유학생 •박지민의 룸메이트

스즈키 소노코
铃木园子 Língmù Yuánzǐ
일본 유학생 •김윤서의 룸메이트

후안 카를로스
胡安·卡洛斯 Hú'ān Kǎluòsī
스페인 유학생

왕밍
王明 Wáng Míng
중국 학생

장옌
张燕 Zhāng Yàn
중국 학생

리우 선생님
刘老师 Liú lǎoshī
중국 선생님

你是什么时候打的电话?

당신은 언제 전화 걸었나요?

문형 ①

A: 你的手机(是)什么时候 丢 的?

01-01

Nǐ de shǒujī (shì) shénme shíhou diū de?

당신 휴대폰은 언제 잃어버렸나요?

在哪儿 zài nǎr	丢 diū
怎么 zěnme	找到 zhǎodào
谁 shéi	给你买 gěi nǐ mǎi

B: 我的手机(是)今天上午 丢 的。

Wǒ de shǒujī (shì) jīntiān shàngwǔ diū de.

제 휴대폰은 오늘 오전에 잃어버렸습니다.

在出租车上 zài chūzūchē shang	丢 diū
司机 sījī	送来 sònglái
我妈妈 wǒ māma	给我买 gěi wǒ mǎi

 你的手机(是)什么时候丢的? 네 휴대폰은 언제 잃어버렸니?
Nǐ de shǒujī (shì) shénme shíhou diū de?

我的手机(是)今天上午丢的。 내 휴대폰은 오늘 오전에 잃어버렸어. **B**
Wǒ de shǒujī (shì) jīntiān shàngwǔ diū de.

司机 sījī 명 기사, 운전사

문형 ②

我的手机不是小偷偷走的，是我不小心弄丢的。

 01-02

Wǒ de shǒujī bú shì xiǎotōu tōuzǒu de, shì wǒ bù xiǎoxīn nòngdiū de.

내 휴대폰은 도둑이 훔쳐 간 게 아니라, 내가 실수로 잃어버린 것이다.

我 Wǒ	打车来 dǎ chē lái	坐公交车来 zuò gōngjiāochē lái
她 Tā	一个人来 yí ge rén lái	和朋友一起来 hé péngyou yìqǐ lái
他 Tā	来旅游 lái lǚyóu	来学习 lái xuéxí

A 你的手机是小偷偷走的吗?　네 휴대폰은 도둑이 훔쳐간 거야?
Nǐ de shǒujī shì xiǎotōu tōuzǒu de ma?

B 我的手机不是小偷偷走的，是我不小心弄丢的。
Wǒ de shǒujī bú shì xiǎotōu tōuzǒu de, shì wǒ bù xiǎoxīn nòngdiū de.
내 휴대폰은 도둑이 훔쳐 간 게 아니라, 내가 실수로 잃어버린 거야.

小偷 xiǎotōu 명 도둑, 좀도둑 | 打车 dǎ//chē 동 택시를 타다 打了车 | 旅游 lǚyóu 명 동 여행(하다), 관광(하다) 去上海旅
游(*旅游上海)

A: 你是什么时候打的电话? 당신은 언제 전화 걸었나요?

01-03

Nǐ shì shénme shíhou dǎ de diànhuà?

你 Nǐ	在哪儿捡 zài nǎr jiǎn	钱包 qiánbāo
	谁接 shéi jiē	电话 diànhuà
这件事 Zhè jiàn shì	谁告诉你 shéi gàosu nǐ	

B: 我是昨天晚上打的电话。 나 어젯밤에 전화 걸었어요.

Wǒ shì zuótiān wǎnshang dǎ de diànhuà.

我 Wǒ	在地铁上捡 zài dìtiě shang jiǎn	钱包 qiánbāo
	我接 wǒ jiē	电话 diànhuà
这件事 Zhè jiàn shì	老师告诉我 lǎoshī gàosu wǒ	

 你是什么时候打的电话? 너 언제 전화 건 거니?
Nǐ shì shénme shíhou dǎ de diànhuà?

我是昨天晚上打的电话。 나 어젯밤에 전화 걸었어. **B**
Wǒ shì zuótiān wǎnshang dǎ de diànhuà.

捡 jiǎn 동 줍다 | 接 jiē 동 받다, 가까이 가다

我想来想去还是没想好。 나는 아무리 생각해도 아직 잘 모르겠다.

01-04

Wǒ xiǎng lái xiǎng qù háishi méi xiǎnghǎo.

看	看明白
kàn	kàn míngbai

听	听懂
tīng	tīngdǒng

找	找到
zhǎo	zhǎodào

A 你想好了吗? 너 충분히 생각했니?
Nǐ xiǎnghǎo le ma?

我想来想去还是没想好。 나 아무리 생각해도 아직 잘 모르겠어. **B**
Wǒ xiǎng lái xiǎng qù háishi méi xiǎnghǎo.

她一点儿也不像妈妈。 그녀는 조금도 엄마를 닮지 않았다.

01-05

Tā yìdiǎnr yě bú xiàng māma.

今天	冷
Jīntiān	lěng

苹果	甜
Píngguǒ	tián

妈妈	担心
Māma	dān xīn

A 她像妈妈吗? 그녀는 엄마를 닮았니?
Tā xiàng māma ma?

她一点儿也不像妈妈。 그녀는 조금도 엄마를 닮지 않았어. **B**
Tā yìdiǎnr yě bú xiàng māma.

독해1 🎧 01-06

开学第一天, 刘老师让同学们做自我介绍。铃木
Kāi xué dì yī tiān, Liú lǎoshī ràng tóngxuémen zuò zìwǒ jièshào. Língmù

园子说: "大家好! 我叫铃木园子, 我是从日本来的。
Yuánzǐ shuō: "Dàjiā hǎo! Wǒ jiào Língmù Yuánzǐ, wǒ shì cóng Rìběn lái de.

认识大家很高兴。" 金允瑞说: "我叫金允瑞, 我是
Rènshi dàjiā hěn gāoxìng." Jīn Yǔnruì shuō: "Wǒ jiào Jīn Yǔnruì, wǒ shì

韩国人, 我是去年来到中国的。寒假没回国, 是在中国
Hánguórén, wǒ shì qùnián láidào Zhōngguó de. Hánjià méi huí guó, shì zài Zhōngguó

度过的。这个学期我们一起加油吧!" 同学们正在介绍
dùguò de. Zhè ge xuéqī wǒmen yìqǐ jiā yóu ba!" Tóngxuémen zhèngzài jièshào

时, 胡安打开教室门, 走了进来。刘老师也让他介绍
shí, Hú'ān dǎkāi jiàoshì mén, zǒu le jìnlái. Liú lǎoshī yě ràng tā jièshào

一下自己。胡安说: "我是西班牙人, 叫胡安。我是坐
yíxià zìjǐ. Hú'ān shuō: "Wǒ shì Xībānyárén, jiào Hú'ān. Wǒ shì zuò

公交车来的。早上我的手机丢了, 我的手机不是小偷
gōngjiāochē lái de. Zǎoshang wǒ de shǒujī diū le, wǒ de shǒujī bú shì xiǎotōu

偷走的, 是我自己不小心弄丢的。后来我找到了我的
tōuzǒu de, shì wǒ zìjǐ bù xiǎoxīn nòngdiū de. Hòulái wǒ zhǎodào le wǒ de

---

开学 kāi//xué 동 개학하다, 개강하다 开了学 | 自我 zìwǒ 대 자기 자신, 스스로 | 去年 qùnián 명 작년, 지난 해 | 度过 dùguò 동 보내다, 지내다 | 西班牙 Xībānyá 고유 스페인 | 后来 hòulái 부 그 후, 그 다음에

手机，是在公交车上找到的，所以我迟到了，真对不起。
shǒujī, shì zài gōngjiāochē shang zhǎodào de, suǒyǐ wǒ chídào le, zhēn duì bu qǐ.

我以后不会再迟到了。" 听了他的介绍，同学们都笑了。
Wǒ yǐhòu bú huì zài chídào le." Tīng le tā de jièshào, tóngxuémen dōu xiào le.

독해 1
확인 학습

1. 스즈키는 어느 나라 사람입니까?
   ① 韩国　　　　　　② 西班牙　　　　　　③ 日本

2. 후안은 어디에서 휴대폰을 찾았습니까?
   ① 在教室里　　　　② 在公交车上　　　　③ 在地铁上

迟到 chídào 동 지각하다

塞翁失马

从前有一位叫塞翁的老人，他养了许多马。有一天，
Cóngqián yǒu yí wèi jiào sàiwēng de lǎorén, tā yǎng le xǔduō mǎ. Yǒu yì tiān,

一匹马走丢了。他找来找去，也没找到。邻居们听到这
yì pǐ mǎ zǒudiū le. Tā zhǎo lái zhǎo qù, yě méi zhǎodào. Línjūmen tīngdào zhè

件事，都过来问塞翁："马是怎么走丢的？"塞翁想来
jiàn shì, dōu guòlái wèn sàiwēng: "Mǎ shì zěnme zǒudiū de?" Sàiwēng xiǎng lái

想去，摇摇头说："我也不知道是怎么走丢的。"邻居们
xiǎng qù, yáoyao tóu shuō: "Wǒ yě bù zhīdào shì zěnme zǒudiū de." Línjūmen

都安慰他："不要太着急，要多注意身体。"塞翁听了
dōu ānwèi tā: "Bú yào tài zháojí, yào duō zhùyì shēntǐ." Sàiwēng tīng le

邻居们的话，说："别担心！丢了马也许是一件好事。"
línjūmen de huà, shuō: "Bié dān xīn! Diū le mǎ yěxǔ shì yí jiàn hǎo shì."

过了几天，塞翁突然听到外面马的叫声。他走出来
Guò le jǐ tiān, sàiwēng tūrán tīngdào wàimian mǎ de jiàoshēng. Tā zǒu chūlái

一看，发现走丢了的马又回来了，还带回另一匹好马。
yí kàn, fāxiàn zǒudiū le de mǎ yòu huílái le, hái dàihuí lìng yì pǐ hǎo mǎ.

邻居们又都跑过来问来问去："你的马是怎么回来的？
Línjūmen yòu dōu pǎo guòlái wèn lái wèn qù: "Nǐ de mǎ shì zěnme huílái de?

这匹好马又是怎么来的？"邻居们都祝贺他，但他又摇
Zhè pǐ hǎo mǎ yòu shì zěnme lái de?" Línjūmen dōu zhùhè tā, dàn tā yòu yáo

塞翁 sàiwēng 옛날에 중국 변방에 살았다는 노인 | 从前 cóngqián 명 이전, 옛날 | 老人 lǎorén 명 노인 | 许多 xǔduō 형 대단히 많은 | 马 mǎ 명 말 | 匹 pǐ 양 필 말·노새 따위의 가축을 세는 단위 | 摇头 yáo//tóu 동 고개를 젓다 摇着头说 | 安慰 ānwèi 동 위로하다, 위안하다 | 着急 zháojí 동 조급해하다, 초조해하다 | 也许 yěxǔ 부 어쩌면, 아마도 | 叫声 jiàoshēng 울음소리 | 祝贺 zhùhè 명 동 축하(하다)

了摇头， 说： "白白得了一匹好马， 也不一定是一件
le yáo tóu, shuō: "Báibái dé le yì pǐ hǎo mǎ, yě bù yídìng shì yí jiàn

好事。 "
hǎo shì."

几个月后， 塞翁的儿子骑马时不小心从马背上掉
Jǐ ge yuè hòu, sàiwēng de érzi qí mǎ shí bù xiǎoxīn cóng mǎ bèi shang diào

下来， 摔断了腿。 邻居们又过来问： "你儿子是怎么摔断
xiàlái, shuāiduàn le tuǐ. Línjūmen yòu guòlái wèn: "Nǐ érzi shì zěnme shuāiduàn

腿的？ " 塞翁又说： "没什么， 这也许是福气呢。 "
tuǐ de?" Sàiwēng yòu shuō: "Méi shénme, zhè yěxǔ shì fúqì ne."

不久后， 战争开始了， 塞翁的儿子因为摔断了腿，
Bùjiǔ hòu, zhànzhēng kāishǐ le, sàiwēng de érzi yīnwèi shuāiduàn le tuǐ,

不能去当兵。 战争打来打去， 去当兵的人差不多都死了，
bù néng qù dāng bīng. Zhànzhēng dǎ lái dǎ qù, qù dāng bīng de rén chàbuduō dōu sǐ le,

只有塞翁的儿子保住了性命。
zhǐ yǒu sàiwēng de érzi bǎozhù le xìngmìng.

**독해 2
확인 학습**

1. 잃어버렸던 말은 좋은 말 몇 필을 데리고 왔습니까?

　① 一匹　　　　　　　② 两匹　　　　　　　③ 三匹

2. 노인의 아들은 말을 타다 떨어져서 어디가 부러졌습니까?

　① 手　　　　　　　② 腿　　　　　　　③ 脚

3. 전쟁에 나가 전사한 이는 누구입니까?

　① 去当兵的人　　　　　② 塞翁的儿子　　　　　③ 邻居们

白 bái 부 공연히, 쓸데없이 '白白'로 중첩하여 사용할 수도 있음 | 背 bèi 명 등, 뒷면 | 摔 shuāi 동 떨어지다, 넘어지다 | 断 duàn 동 자르다, 끊다 | 腿 tuǐ 명 다리 | 福气 fúqì 명 복, 행운 | 不久 bùjiǔ 부 머지않아, 곧 | 战争 zhànzhēng 명 전쟁 | 因为 yīnwèi 접 왜냐하면 (~때문이다) | 当兵 dāng//bīng 동 군인이 되다, 군 복무를 하다 当过兵 | 差不多 chàbuduō 형 큰 차이가 없다, 거의 비슷하다 | 死 sǐ 동 죽다 | 只有 zhǐ yǒu 부 오직, 오로지 | 保住 bǎozhù 동 확보하다, 지켜내다 | 性命 xìngmìng 명 목숨, 생명

03 문법 학습

1. '是……的'구문(1)

'是……的'구문(1)은 어떤 행위나 사건이 이미 발생한 것임을 묻는 사람과 답하는 사람이 모두 알고 있으면서, 그 행위나 사건이 발생한 시간, 장소, 방식, 대상, 행위자, 목적 등을 특별히 강조해서 말하고자 할 때 사용하는 문장을 가리킵니다.

▶她前天回国了。
　　Tā qiántiān huí guó le.
　　그녀는 그저께 귀국했다.

▶她是前天回国的。 　귀국한 사실을 알고, 귀국한 시간을 강조
　　Tā shì qiántiān huí guó de.
　　그녀는 그저께 귀국했다.

▶他坐飞机去上海旅游了。
　　Tā zuò fēijī qù Shànghǎi lǚyóu le.
　　그는 비행기를 타고 상하이에 여행 갔다.

▶他是坐飞机去上海旅游的。 　상하이에 여행 간 사실을 알고, 무엇을 타고 갔는지를 강조
　　Tā shì zuò fēijī qù Shànghǎi lǚyóu de.
　　그는 비행기를 타고 상하이에 여행 갔다.

1 강조내용

'是……的'구문(1)은 강조하고 싶은 내용을 '是'와 '的' 사이에 넣어서 만듭니다.

시간　A : 你(是)什么时候来北京的?
　　　　　Nǐ (shì) shénme shíhou lái Běijīng de?
　　　　　너 언제 베이징에 왔니?

B : 我(是)去年二月来北京的。
　　Wǒ (shì) qùnián èr yuè lái Běijīng de.
　　나는 작년 2월에 베이징에 왔어.

장소　A : 你(是)从哪儿来的?
　　　　　Nǐ (shì) cóng nǎr lái de?
　　　　　너 어디에서 왔니?

B : 我(是)从首尔来的。
　　Wǒ (shì) cóng Shǒu'ěr lái de.
　　나는 서울에서 왔어.

방식　A : 你(是)怎么来的?
　　　　　Nǐ (shì) zěnme lái de?
　　　　　너 어떻게 왔니?

B : 我(是)坐飞机来的。
　　Wǒ (shì) zuò fēijī lái de.
　　나는 비행기 타고 왔어.

대상　A : 你(是)和谁一起来的?
　　　　　Nǐ (shì) hé shéi yìqǐ lái de?
　　　　　너 누구와 함께 왔니?

B : 我(是)和朋友一起来的。
　　Wǒ (shì) hé péngyou yìqǐ lái de.
　　나는 친구랑 같이 왔어.

행위자　A : 这是谁做的?
　　　　　Zhè shì shéi zuò de?
　　　　　이것은 누가 한 거니?

B : 那是我做的。
　　Nà shì wǒ zuò de.
　　그것은 내가 한 거야.

목적 A : 你(是)为了什么来的?
Nǐ (shì) wèile shénme lái de?
너는 무슨 일로 온 거니?

B : 我(是)为了这件事来的。
Wǒ (shì) wèile zhè jiàn shì lái de.
나는 이 일을 위해서 왔어.

입말에서는 '是……的'구문(1)의 '是'를 생략하기도 하는데, 주어가 '这/那'일 경우에는 생략할 수 없습니다.

2 부정문과 의문문

'是……的'구문(1)의 부정문은 '不是……的'를 사용합니다. 아래 문장과 같이 강조 성분을 부정하는 의미를 나타냅니다.

▶ 她不是昨天来的，是前天来的。 그녀는 어제 온 게 아니라, 그저께 왔다.
Tā bú shì zuótiān lái de, shì qiántiān lái de.

의문문은 '是+의문대체사+……的?'를 사용하거나 '是……的吗?' 또는 '是不是……的?'를 사용합니다.

▶ 这件事是谁做的? 이 일은 누가 했니?
Zhè jiàn shì shì shéi zuò de?

▶ 这件事是你做的吗? 이 일은 네가 한 거니?
Zhè jiàn shì shì nǐ zuò de ma?

▶ 这件事是不是你做的? 이 일 네가 한 거 아니니?
Zhè jiàn shì shì bu shì nǐ zuò de?

3 목적어의 위치

'是……的'구문(1)에서 목적어가 있으면 목적어는 '的'의 앞 또는 뒤에 출현합니다. 그러나 인칭대체사 목적어는 '的' 앞에만 출현합니다.

▶ 我是昨天晚上打电话的。 / 我是昨天晚上打的电话。
Wǒ shì zuótiān wǎnshang dǎ diànhuà de. / Wǒ shì zuótiān wǎnshang dǎ de diànhuà.
나는 어젯밤에 전화했다. / 나는 어젯밤에 전화했다.

▶ 这件事是老师告诉我的。 이 일은 선생님께서 내게 알려준 것이다.
Zhè jiàn shì shì lǎoshī gàosu wǒ de.

为了 wèile 전 ~을 위해서

2. 'V+来+V+去'

'V+来+V+去' 구조는 동작이 여러 차례 반복되는 것을 나타내며, 일반적으로 동일한 동사를 반복하거나, 비슷한 의미의 동사를 사용합니다.

▶ 说来说去，他还是不相信我。 아무리 말해도, 그는 여전히 나를 믿지 않는다.
  Shuō lái shuō qù, tā háishi bù xiāngxìn wǒ.

▶ 小狗在草地上跑来跑去，真可爱！ 강아지가 잔디밭에서 이리저리 뛰어다니는 게 정말 귀여워!
  Xiǎogǒu zài cǎodì shang pǎo lái pǎo qù, zhēn kě'ài!

▶ 姐姐半夜里总是翻来覆去，睡不着。 언니는 한밤중에 늘 뒤척이며 잠을 자지 못한다.
  Jiějie bànyè li zǒngshì fān lái fù qù, shuì bu zháo.

3. '一点儿也/都 + 不/没……'

'一点儿也/都+不/没……'는 '조금도 ~하지 않다'라는 의미를 나타냅니다. 一点儿 대신 一分钟, 一杯水와 같이 구체적인 표현이 사용되어 양적으로 매우 적음을 나타내기도 합니다.

▶ 爸爸昨天晚上一分钟也没有休息。 아빠는 어젯밤에 조금도 쉬지 않으셨다.
  Bàba zuótiān wǎnshang yì fēnzhōng yě méiyǒu xiūxi.

▶ 妹妹一杯水都没喝。 여동생은 물 한 잔도 마시지 않았다.
  Mèimei yì bēi shuǐ dōu méi hē.

▶ 我一点儿也不累。 나는 조금도 피곤하지 않다.
  Wǒ yìdiǎnr yě bú lèi.

草地 cǎodì 명 잔디(밭), 초원 | 半夜 bànyè 명 한밤중 | 翻 fān 동 뒤집(히)다 | 覆 fù 동 뒤집(히)다, 엎어지다 | 着 zháo 동 동사 뒤에 쓰여 결과가 있거나 목적을 달성했음을 나타냄

1. 녹음을 듣고 알맞은 답을 고르세요. 01-08

   (1) 金允瑞是什么时候来中国的?

   ❶ 去年　　　　　❷ 今年　　　　　❸ 今天

   (2) 胡安是怎么来的?

   ❶ 打车来的　　　　❷ 坐公交车来的　　　　❸ 跑来的

2. 녹음을 듣고 질문의 답안과 일치하면 ○, 틀리면 ✕를 표시하세요. 01-09

   (1) 我是坐飞机来的。

   (2) 我的手机是昨天下午丢的。

   (3) 我的手机是小偷偷走的。

3. 사진을 보고 상황에 맞게 대화를 완성해 보세요.

   (1)

   A: 你是什么时候打的电话?

   B: _____

   (2)

   A: 你是怎么来的?

   B: _____

4. 다음 문장을 중국어로 써 보세요.

(1) 나는 아무리 생각해도 아직 잘 모르겠다.

>> _____

(2) 이 일은 누가 했니?

>> _____

(3) 나는 조금도 피곤하지 않다.

>> _____

(4) 내 휴대폰은 도둑이 훔쳐 간 게 아니라, 내가 실수로 잃어버린 것이다.

>> _____

(5) 당신은 언제 전화 걸었나요?

>> _____

5. 다음 단어 및 구를 어순에 알맞게 배열(첫 단어로 시작)해 보세요.

(1) 来 / 和朋友 / 一起 / 的 / 是 / 。

>> 我 _____

(2) 给你 / 的 / 谁 / 是 / 买 / ？

>> 你的手机 _____

(3) 问(2회) / 过来 / 来 / 跑 / 去 / 都 / 。

>> 邻居们 _____

(4) 你 / 不是 / 做 / 的 / 是 / ？

>> 这件事 _____

(5) 甜 / 也 / 不 / 一点儿 / 。

>> 苹果 _____

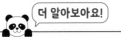

중국 문화

성어(成语 chéngyǔ)로 읽는 중국 문화

✦ 성어(成语)와 고사성어(故事成语 gùshi chéngyǔ)

성어(成语)는 '옛사람들이 만든 말로 세상에 널리 인용되어 쓰이는 말'이라는 의미로, 일반적으로 4글자로 구성된 것이 많아 사자성어(四字成语)라고도 한다.

성어 중에서 역사, 철학, 문학 속의 '故事(이야기)'에서 유래한 것만을 분류하여 고사성어(故事成语)라고 한다. 고사성어는 중국에서 오랫동안 회자되어 온 이야기에서 유래한 것이기 때문에 배경지식 없이 글자 자체로는 의미를 파악하기 어려운 경우가 많지만, 이러한 고사성어를 통해서 고대 중국의 역사와 문화를 엿볼 수 있다.

🔵 고사성어에 담긴 이야기

四面楚歌 sì miàn chǔ gē 사면초가	
의미	사방에서 들리는 초나라 노랫소리. 곤궁에 빠져 아무것도 할 수 없는 처지를 의미함
출처	『사기(史记)·항우본기(项羽本纪)』
고사 유래	초나라 항우(项羽)가 한나라 유방(刘邦)과 맞서 싸울 때, 사방에서 초나라 노랫소리가 들려왔다. 이를 들은 초나라 군사들은 고향 생각에 사기를 잃어 동요하기 시작했고, 항우 역시 초나라 군사들이 한나라에 항복했다고 여겨 결국에는 전투에서 패하게 된 고사에서 유래했다.

五十步笑百步 wǔshí bù xiào bǎi bù 오십보백보	
의미	오십 보를 도망간 사람이나 백 보를 도망간 사람이나 도망간 사실에는 차이가 없다는 것을 의미함
출처	『맹자(孟子)·양혜왕(梁惠王)』
고사 유래	전국시대 맹자(孟子)가 양나라의 혜왕(惠王)과 나눈 대화에서 유래한 성어로, 맹자는 혜왕에게 전쟁에 빗대어 나라를 통치하는 법에 대해 이야기한다. 맹자는 "전쟁에서 패한 병사가 도망을 갈 때, 오십 보 도망친 자가 백 보 도망친 자를 비웃는다면 어떠합니까?"라고 물었고, 혜왕은 "오십 보가 백보를 따르지 못했을 뿐, 결국은 똑같은 것이다."라고 대답한 데서 유래했다.

萤雪之功 yíng xuě zhī gōng 형설지공	
의미	반딧불과 눈의 공로. 고생을 하면서도 부지런히 공부하는 자세를 의미함
출처	『진서(晋书)·차윤전(车胤传)』『진서·손강전(孙康传)』
고사 유래	동진 시기 가난한 선비인 차윤(车胤)은 형편이 몹시 가난해서 반딧불을 잡아다가 책을 읽었다고 하며, 손강(孙康) 역시 기름 살 돈이 없어 밤마다 하얀 눈에 비추어 책을 읽었다는 고사에서 유래했다.

朝三暮四 zhāo sān mù sì 조삼모사	
의미	아침에 3개 저녁에 4개, 간사한 꾀로 남을 속이는 것을 의미함
출처	『열자(列子)·황제(黃帝)』
고사 유래	송나라 저공(狙公)이라는 사람이 원숭이를 키웠는데, 식량이 궁해져 원숭이 식량을 줄이고자 했다. 원숭이들에게 아침에 3개, 저녁에 4개의 도토리를 주겠다고 하자 원숭이 무리는 화를 냈고, 저공이 꾀를 내어 아침에 4개, 저녁에 3개를 주겠다고 하자 만족했다는 고사에서 유래했다.

✦ 같고도 다른 한국과 중국의 성어

한국과 중국의 성어는 의미와 글자가 모두 같은 것도 있지만, 같은 의미를 나타내는 성어일지라도 각각 성어 구성과 표현에서 차이를 보이는 경우도 있다.

의미	쇠귀에 경 읽기, 아무리 일러주어도 알아듣지 못하는 것을 의미함
한국 성어 중국 성어	牛耳讀經 우이독경 对牛弹琴 duì niú tán qín
다른 점	한국에서는 '쇠귀에 경 읽기'라 하고, 중국에서는 '소를 마주하고 거문고를 탄다'라고 표현한다.
의미	대충 대충 보고 지나치다, 대강 훑어보는 것을 의미함
한국 성어 중국 성어	走馬看山 주마간산 走马看花 zǒu mǎ kàn huā
다른 점	한국에서는 '달리는 말 위에서 산을 본다'라 하고, 중국에서는 '달리는 말 위에서 꽃을 본다'라고 표현한다.
의미	현실성 없는 허황된 의론이나 논의를 의미함
한국 성어 중국 성어	卓上空論 탁상공론 纸上谈兵 zhǐ shàng tán bīng
다른 점	한국에서는 '탁자 위(에서만 펼치는) 헛된 논의'라 하고, 중국에서는 '지면상으로 군사 전략을 논한다'라고 표현한다.
의미	아무런 어려움 없이 순탄한 장래를 이르는 말, 전도유망한 장래를 의미함
한국 성어 중국 성어	坦坦大路 탄탄대로 康庄大道 kāng zhuāng dà dào
다른 점	한국에서는 평평하고 넓은 길을 나타내기 위해 '坦坦'이라는 형용사를 쓰고, 중국에서는 큰길을 뜻하는 명사를 두 번 사용한다. 康庄은 문언문(文言文)으로 사통팔달의 큰길을 뜻한다.

桌子上放着一本杂志。

책상 위에 잡지 한 권이 놓여있어요.

〈학습 목표〉

❶ 상태의 지속 표현하기
❷ 존재, 출현, 소실 표현하기

**문형 ① **
02-01

她穿着一件大衣。 그녀는 코트를 입고 있다.
Tā chuān zhe yí jiàn dàyī.

戴 dài	一副眼镜 yí fù yǎnjìng
拿 ná	一本书 yì běn shū
带 dài	一把伞 yì bǎ sǎn

A 她穿着什么? 그녀는 무엇을 입고 있니?
Tā chuān zhe shénme?

B 她穿着一件大衣。 그녀는 코트를 입고 있어.
Tā chuān zhe yí jiàn dàyī.

**문형 ② **
02-02

桌子上放着一本杂志。 책상 위에 잡지 한 권이 놓여있다.
Zhuōzi shang fàng zhe yì běn zázhì.

书架上 Shūjià shang	摆 bǎi	很多书 hěn duō shū
房间里 Fángjiān li	挂 guà	两张画 liǎng zhāng huà
门外 Mén wài	停 tíng	一辆滑板车 yí liàng huábǎnchē

A 桌子上放着什么? 책상 위에 무엇이 놓여 있니?
Zhuōzi shang fàng zhe shénme?

B 桌子上放着一本杂志。 책상 위에 잡지 한 권이 놓여 있어.
Zhuōzi shang fàng zhe yì běn zázhì.

副 fù 양 벌, 쌍 안경·양말·장갑 등과 같이 쌍이나 짝으로 이루어진 물건을 세는 단위 | 眼镜 yǎnjìng 명 안경 | 伞 sǎn 명 우산 | 杂志 zázhì 명 잡지 | 摆 bǎi 동 놓다, 벌여 놓다 | 挂 guà 동 (고리·못 따위에) 걸다 | 画 huà 명 동 그림(을 그리다)

商店的门没开着，关着呢。

Shāngdiàn de mén méi kāi zhe, guān zhe ne.

상점 문은 열려 있지 않고, 닫혀 있다.

02-03

房间里的灯 Fángjiān li de dēng

电脑 Diànnǎo

空调 Kōngtiáo

 商店的门开着没有？ 상점 문은 열려 있니 안 열려 있니?
Shāngdiàn de mén kāi zhe méiyǒu?

商店的门没开着，关着呢。 상점 문은 열려 있지 않고, 닫혀 있어.
Shāngdiàn de mén méi kāi zhe, guān zhe ne.

我们班来了一个新同学。 우리 반에 새 친구 한 명이 왔다.

Wǒmen bān lái le yí ge xīn tóngxué.

02-04

最近我们公司 Zuìjìn wǒmen gōngsī	发生 fāshēng	不少变化 bù shǎo biànhuà
楼里 Lóu li	搬走 bānzǒu	两家 liǎng jiā
他们班 Tāmen bān	少 shǎo	一名同学 yì míng tóngxué

A 我们班来了一个新同学。 우리 반에 새 친구 한 명이 왔어.
Wǒmen bān lái le yí ge xīn tóngxué.

对啊，我也听说了。 맞아, 나도 들었어. B
Duì a, wǒ yě tīngshuō le.

灯 dēng 명 등, 등불 | 发生 fāshēng 동 발생하다, 생기다 | 变化 biànhuà 명 동 변화(하다) | 楼 lóu 명 (2층 이상의) 건물,
아파트 | 名 míng 양 명 어떤 신분의 사람을 세는 단위

怪不得她没来上课，原来她病了。

02-05

Guàibude tā méi lái shàng kè, yuánlái tā bìng le.

어쩐지 그녀가 수업에 안 왔다 했더니, 알고 보니 그녀가 병이 났군요.

这么高兴 zhème gāoxìng	考试得了满分 kǎoshì dé le mǎnfēn
不在教室 bú zài jiàoshì	请假了 qǐng jià le
英语说得那么好 Yīngyǔ shuō de nàme hǎo	是在美国长大的 shì zài Měiguó zhǎngdà de

A 听说李丽病了。 듣자 하니 리리가 병이 났대.
Tīngshuō Lǐ Lì bìng le.

B 怪不得她没来上课，原来她病了。
Guàibude tā méi lái shàng kè, yuánlái tā bìng le.
어쩐지 그녀가 수업에 안 왔다 했더니, 알고 보니 병이 났구나.

怪不得 guàibude 부 과연, 어쩐지 | 得 dé 동 얻다, 획득하다 | 满分 mǎnfēn 명 만점

독해1 02-06

汤姆喜欢梵高的画，在梵高的画中，他最喜欢的是
Tāngmǔ xǐhuan Fàngāo de huà,　zài Fàngāo de huà zhōng,　tā zuì xǐhuan de shì

这幅《卧室》。卧室里的家具不多，只放着一张床、两
zhè fú《Wòshì》.　　Wòshì li de jiājù bù duō,　　zhǐ fàng zhe yì zhāng chuáng, liǎng

把椅子和一张小桌子。床看上去不太大，床上放着两个
bǎ yǐzi hé yì zhāng xiǎo zhuōzi. Chuáng kàn shàngqù bú tài dà, chuáng shang fàng zhe liǎng ge

枕头和被子，原来这是一张双人床。桌子上摆着杯子、
zhěntou hé bèizi,　yuánlái zhè shì yì zhāng shuāngrén chuáng. Zhuōzi shang bǎi zhe bēizi,

水瓶什么的。墙上挂着很多东西。床边的墙上挂着
shuǐpíng shénmede. Qiáng shang guà zhe hěn duō dōngxi. Chuáng biān de qiáng shang guà zhe

几幅画，还挂着几件衣服和一顶帽子。门旁边挂着毛巾
jǐ fú huà,　hái guà zhe jǐ jiàn yīfu hé yì dǐng màozi.　　Mén pángbiān guà zhe máojīn

梵高 Fàngāo 고유 빈센트 반 고흐(Vincent Van Gogh) | 幅 fú 양 폭 종이·그림·옷감 따위를 세는 단위 | 卧室 wòshì 명 침실 | 家具 jiājù 명 가구 | 把 bǎ 양 개 의자, 손잡이가 달린 물건을 세는 단위 | 枕头 zhěntou 명 베개 | 被子 bèizi 명 이불 | 双 shuāng 형 두 개의 | 水瓶 shuǐpíng 명 물병 | 什么的 shénmede 조 등등, 따위 | 墙 qiáng 명 벽, 담, 담벼락 | 毛巾 máojīn 명 수건, 타월

和镜子。卧室里还有一扇窗户，仔细看的话，可以发现
hé jìngzi.　　　Wòshì li hái yǒu yí shàn chuānghu,　　zǐxì kàn de huà,　　　kěyǐ fāxiàn

窗户没关着，而是开着的。
chuānghu méi guān zhe, ér shì kāi zhe de.

　　　　汤姆觉得，家具的颜色、墙的颜色、窗户的颜色都
　　　　Tāngmǔ juéde,　　jiājù de yánsè,　　　qiáng de yánsè,　　chuānghu de yánsè dōu

很特别，让人感到非常舒服。看梵高的这幅《卧室》的
hěn tèbié,　　ràng rén gǎndào fēicháng shūfu.　Kàn Fàngāo de zhè fú《Wòshì》de

时候，能让自己的头脑得到休息。
shíhou,　　néng ràng zìjǐ de tóunǎo dédào xiūxi.

독해 1
확인 학습

1. 《卧室》에서 침대 옆 벽에 걸려 있는 것이 <u>아닌</u> 것은 무엇입니까?
　　① 几件衣服　　　　　　② 几幅画　　　　　　③ 几条毛巾

2. 톰이 반 고흐의 《卧室》를 좋아하는 이유는 무엇입니까?
　　① 因为《卧室》里的家具很多
　　② 因为《卧室》能让自己的头脑得到休息
　　③ 因为《卧室》的颜色不多

镜子 jìngzi 명 거울 | 扇 shàn 양 짝, 틀 문·창문 등을 세는 단위 | 窗户 chuānghu 명 창문 | 仔细 zǐxì 형 꼼꼼하다, 자세
하다 | 而 ér 접 그리고, 그러나 순접, 역접의 의미로 사용 | 颜色 yánsè 명 색, 색깔 | 感 gǎn 동 느끼다, 생각하다 | 头脑
tóunǎo 명 머리, 두뇌

我去哪儿了？

从前，有个很笨的警察。有一天，他接到了一个任务。
Cóngqián, yǒu ge hěn bèn de jǐngchá. Yǒu yì tiān, tā jiēdào le yí ge rènwu.

这个任务就是要把一个罪犯送到另一个地方，那个罪犯
Zhè ge rènwu jiù shì yào bǎ yí ge zuìfàn sòngdào lìng yí ge dìfang, nà ge zuìfàn

是一个和尚。警察担心自己忘记什么，就一直对自己说：
shì yí ge héshang. Jǐngchá dān xīn zìjǐ wàngjì shénme, jiù yìzhí duì zìjǐ shuō:

"包里放着钥匙，手里拉着和尚。"他又摸了摸自己，
"Bāo li fàng zhe yàoshi, shǒu li lā zhe héshang." Tā yòu mō le mō zìjǐ,

说："还有一个我。"说完他们就出发了。
shuō: "Hái yǒu yí ge wǒ." Shuōwán tāmen jiù chūfā le.

路上，警察边走边问自己："包里放着钥匙。包里
Lù shang, jǐngchá biān zǒu biān wèn zìjǐ: "Bāo li fàng zhe yàoshi. Bāo li

少了什么吗？"
shǎo le shénme ma?"

"没有，钥匙在包里。"
"Méi yǒu, yàoshi zài bāo li."

"手里拉着和尚。"
"Shǒu li lā zhe héshang."

"好，和尚也在。"
"Hǎo, héshang yě zài."

"还少了什么吗？" "很好，我也在。"
"Hái shǎo le shénme ma?" "Hěn hǎo, wǒ yě zài."

笨 bèn 형 어리석다, 멍청하다 | 警察 jǐngchá 명 경찰 | 任务 rènwu 명 임무, 책무 | 罪犯 zuìfàn 명 범인, 죄인 | 和尚 héshang 명 중, 승려 | 钥匙 yàoshi 명 열쇠 | 手 shǒu 명 손 | 拉 lā 동 끌다, 당기다 | 摸 mō 동 (손으로) 어루만지다, 쓰다듬다

这时， 和尚明白了： "原来这个警察非常笨。"
Zhèshí, héshang míngbai le: "Yuánlái zhè ge jǐngchá fēicháng bèn."

晚上， 他们来到了一家餐厅。 吃晚饭时， 和尚故意
Wǎnshang, tāmen láidào le yì jiā cāntīng. Chī wǎnfàn shí, héshang gùyì

让警察喝了很多酒， 警察喝多了， 躺在椅子上睡着了。
ràng jǐngchá hē le hěn duō jiǔ, jǐngchá hēduō le, tǎngzài yǐzi shang shuìzháo le.

和尚看到警察睡着后， 就拿出钥匙打开锁， 然后把警察
Héshang kàndào jǐngchá shuìzháo hòu, jiù náchū yàoshi dǎkāi suǒ, ránhòu bǎ jǐngchá

的头发都剃了。
de tóufa dōu tì le.

第二天， 警察起来后， 又开始对自己说： "包里放
Dì èr tiān, jǐngchá qǐlái hòu, yòu kāishǐ duì zìjǐ shuō: "Bāo li fàng

着钥匙……" "手里拉着和尚……哎呀！ 少了和尚！"
zhe yàoshi……" "Shǒu li lā zhe héshang…… Āiyā! Shǎo le héshang!"

过了一会儿， 他摸了摸自己的头， 又高兴地说： "太好
Guò le yíhuìr, tā mō le mō zìjǐ de tóu, yòu gāoxìng de shuō: "Tài hǎo

了！ 和尚还在。" "哎呀！ 可是我去哪儿了？"
le! Héshang hái zài." "Āiyā! Kěshì wǒ qù nǎr le?"

독해 2 확인 학습	

1. 경찰이 가방에 넣은 것은 무엇입니까?
　① 和尚　　　　　② 钥匙　　　　　③ 锁

2. 식당에서 술을 마신 사람은 누구입니까?
　① 罪犯　　　　　② 和尚　　　　　③ 警察

3. 스님은 누구의 머리를 깎았습니까?
　① 另一个和尚　　② 自己　　　　　③ 警察

故意 gùyì 부 고의로, 일부러 | 躺 tǎng 동 눕다 | 锁 suǒ 명 자물쇠 동 잠그다 | 头发 tóufa 명 머리카락 | 剃 tì 동 깎다,
밀다 | 哎呀 āiyā 감 와, 아이고, 이런 | 头 tóu 명 머리

03 문법 학습

1. 상태의 지속 '着'

'着'는 동사 뒤에 쓰여 동작이 발생한 후 그 상태가 지속되고 있음을 나타냅니다.

1 동작의 행위자가 주어로 출현하는 경우

▶ 她穿着一件大衣。 그녀는 코트를 입고 있다.
　Tā chuān zhe yí jiàn dàyī.

▶ 他戴着一副眼镜。 그는 안경을 쓰고 있다.
　Tā dài zhe yí fù yǎnjìng.

2 동작의 행위자가 주어로 출현하지 않는 경우

▶ 桌子上放着一本书。 책상 위에 책 한 권이 놓여 있다.
　Zhuōzi shang fàng zhe yì běn shū.

▶ 书架上摆着很多书。 책장에 많은 책이 진열되어 있다.
　Shūjià shang bǎi zhe hěn duō shū.

3 부정문과 의문문

상태의 지속을 부정하려면 '没(有)+V+着'를 사용합니다.

▶ 商店的门没(有)开着。 가게 문이 열려 있지 않다.
　Shāngdiàn de mén méi(yǒu) kāi zhe.

의문문은 'V+着……吗?'를 사용하거나 'V+着……没有?' 또는 '是不是……V+着?'를 사용합니다.

▶ 商店的门开着吗? 가게 문이 열려 있니?
　Shāngdiàn de mén kāi zhe ma?

▶ 商店的门开着没有? 가게 문이 열려 있니 안 열려 있니?
　Shāngdiàn de mén kāi zhe méiyǒu?

▶ 商店的门是不是开着? 가게 문이 열려 있지 않니?
　Shāngdiàn de mén shì bu shì kāi zhe?

4 지속과 진행의 차이점

지속과 진행의 차이점은 지속은 정적인 상황의 묘사에 주로 사용하는 반면, 진행은 동작이 진행 중임을 나타내는 동적인 상황의 서술에 사용한다는 것입니다.

▶ 他在贴一张通知。 그는 안내문을 붙이고 있다.
　Tā zài tiē yì zhāng tōngzhī.

▶ 门上贴着一张通知。 문에 안내문이 붙어 있다.
　Mén shang tiē zhe yì zhāng tōngzhī.

동작의 행위자가 주어로 출현하는 경우, '着'는 진행을 나타내는 '正(在)……(呢)'와 함께 사용하여 동작이 진행 중임을 나타낼 수 있습니다. 이때 '着'는 생략해도 무방합니다.

▶ 她正在听(着)音乐呢。 그녀는 지금 음악을 듣고 있다.
　Tā zhèngzài tīng (zhe) yīnyuè ne.

▶ 同学们正在教室上(着)课呢。 학생들은 지금 교실에서 수업을 듣고 있다.
　Tóngxuémen zhèng zài jiàoshì shàng (zhe) kè ne.

▶ 桌子上放着一本杂志。(*桌子上正在放着一本杂志呢。)
　Zhuōzi shang fàng zhe yì běn zázhì.
　책상 위에 잡지 한 권이 놓여있다.

▶ 商店的门开着。(*商店的门正在开着呢。)
　Shāngdiàn de mén kāi zhe.
　상점 문이 열려 있다.

贴 tiē 동 붙이다 │ 通知 tōngzhī 명 동 통지(하다)

2. 존현문

특정 장소에 어떤 사람이나 사물이 존재함을 나타내는 '존재문'과 특정 장소나 시점에 어떤 사람 또는 사물이 출현하거나 소실함을 나타내는 '출현문과 소실문'을 합쳐서 '존현문'이라고 합니다. 'S장소/시간+V존재/출현/소실+O비한정적인 사람/사물' 형식을 사용하며, 의미상의 주어가 동사 뒤에서 'O'로 출현하는 점에 주의해야 합니다. 'O'는 주로 '수사+양사+명사'의 형태로 출현합니다.

① 존재문

존재문은 존재 동사 '有'와 '是'를 사용하여 '～에 ～이 존재함'을 나타내는 문장이 있고, '有'와 '是' 자리에 'V+着'를 써서 '～에 ～이 어떤 방식으로 존재함'을 나타내는 문장이 있습니다.

▶ 地铁站前边有一家餐厅。 지하철역 앞에 레스토랑이 하나 있다.
Dìtiězhàn qiánbian yǒu yì jiā cāntīng.

▶ 电影院西边是一个银行。 영화관 서쪽에 은행이 하나 있다.
Diànyǐngyuàn xībian shì yí ge yínháng.

▶ 院子里种着两棵树。 정원에 나무 두 그루가 심어져 있다.
Yuànzi li zhòng zhe liǎng kē shù.

▶ 门外停着一辆滑板车。 문 밖에 킥보드 한 대가 세워져 있다.
Mén wài tíng zhe yí liàng huábǎnchē.

② 출현문과 소실문

출현문과 소실문에는 이동을 나타내는 동사나 출현·소실을 나타내는 동사를 사용합니다. 출현문과 소실문에는 동사 뒤에 완료를 나타내는 상조사 '了'를 자주 사용하며 방향보어를 쓰기도 합니다.

▶ 我们班来了一个新同学。 우리 반에 새 친구 한 명이 왔다.
Wǒmen bān lái le yí ge xīn tóngxué.

▶ 屋里跑出来一个人。 방에서 한 사람이 뛰어나왔다.
Wū li pǎo chūlái yí ge rén.

▶ 楼里搬走了两家。 건물에서 두 집이 이사 나갔다.
Lóu li bānzǒu le liǎng jiā.

▶ 他们班少了一名同学。 그들 반에 학생 한 명이 줄었다.
Tāmen bān shǎo le yì míng tóngxué.

屋 wū 명 집, 방

3. 부사와 형용사로 쓰이는 '原来'

'原来'는 '알고 보니'라는 뜻의 어기부사로 화자가 전에는 알지 못했던 상황을 갑자기 깨닫게 되었을 때 자신의 느낌이나 태도를 나타내며, '과연, 어쩐지'의 뜻을 나타내는 '怪不得'와 자주 호응하여 사용됩니다.

> ▶ 怪不得她没来上课，原来她病了。
> Guàibude tā méi lái shàng kè, yuánlái tā bìng le.
> 어쩐지 그녀가 수업에 안 왔다 했더니, 알고 보니 그녀가 병이 났군요.

이 밖에도 '原来'는 '원래의, 본래의'라는 의미로 바뀌기 이전의 상황을 나타내기도 합니다.

> ▶ 她还住在原来的地方。 그녀는 여전히 원래 장소에 산다.
> Tā hái zhùzài yuánlái de dìfang.

> ▶ 我原来住在北京，现在住在上海。
> Wǒ yuánlái zhùzài Běijīng, xiànzài zhùzài Shànghǎi.
> 나는 원래 베이징에 살았는데, 지금은 상하이에 산다.

04 연습 문제

1. 녹음을 듣고 알맞은 답을 고르세요. 02-08

   (1) 梵高的《卧室》里有几把椅子？

   ❶ 一把　　　　　❷ 两把　　　　　❸ 三把

   (2) 床边的墙上挂着什么？

   ❶ 毛巾　　　　　❷ 帽子　　　　　❸ 镜子

2. 녹음을 듣고 질문의 답안과 일치하면 ○, 틀리면 ✕를 표시하세요. 02-09

   (1) 她穿着一件大衣。

   (2) 商店的门开着。

   (3) 我们班来了一个新同学。

3. 사진을 보고 상황에 맞게 대화를 완성해 보세요.

   (1)

   A: 她在做什么？

   B: _____

   (2)

   A: 地铁站前边有什么？

   B: _____

4. 다음 문장을 중국어로 써 보세요.

(1) 책상 위에 잡지 한 권이 놓여 있다.

> _____

(2) 나는 원래 베이징에 살았는데, 지금은 상하이에 산다.

> _____

(3) 그들 반에 학생 한 명이 줄었다.

> _____

(4) 영화관 서쪽에 은행이 하나 있다.

> _____

(5) 컴퓨터는 켜져 있지 않고, 꺼져 있다.

> _____

5. 다음 단어 및 구를 어순에 알맞게 배열(첫 단어로 시작)해 보세요.

(1) 眼镜 / 着 / 一 / 戴 / 副 / 。

> 他 _____

(2) 开 / 门 / 的 / 没有 / 着 / ?

> 商店 _____

(3) 正 / 呢 / 上课 / 在教室 / 。

> 同学们 _____

(4) 让 / 舒服 / 画 / 人 / 感到 / 幅 / 非常 / 。

> 这 _____

(5) 伞 / 着 / 一 / 带 / 把 / 。

> 她 _____

중국 문화

베이징 798 艺术区 yìshùqū를 찾아서

✦ 베이징 798 艺术区의 유래

798 艺术区는 베이징 朝阳区 Cháoyáng Qū 에 위치한 총면적 60만 제곱미터에 달하는 거대한 공간으로 베이징 코리아타운인 望京 Wàngjīng 과도 가깝고, 중국 미술 분야의 명문 대학인 中央美术学院 Zhōngyāng Měishù Xuéyuàn 과도 가까운 거리에 자리 잡고 있다.

뉴욕 SOHO를 본떠 베이징 SOHO라고도 불리는 이 지역은 베이징시가 정한 예술 특구로 예술가들의 창작 공간과 전시 공간, 아트 갤러리, 편집숍 등이 즐비해 있는 예술적 영감과 자유가 넘치는 공간이다.

미술, 조각, 공연을 비롯한 중국 현대 예술의 다양한 창작과 전시, 관련 문화 산업이 활발히 전개되는 798 艺术区는 공간 자체만으로도 이목을 끌 만하다. 원래 이 지역은 1950년대 설립된 무기 공장 지대였으나 1990년대 들어 2차 산업이 쇠퇴함에 따라 점차 빈 공장들이 늘어났다. 빈 군수 공장 지대를 차지한 것은 문화예술인들로, 이들은 저렴한 임대료로 작업 공간을 구할 수 있는 798 지역에 모여들어 낡은 공장을 개조하여 지금의 예술촌을 만들었다. 798 곳곳에는 폐공장 터를 그대로 개조하여 사용한 건물들을 찾아볼 수 있다.

공장과 예술이라는 독특한 결합 속에서 예술가들은 자신의 예술혼을 담아 자유롭고 독특한 베이징 현대 예술의 분위기를 만들어 갔고, 중국 정부 또한 이 지역을 문화창의산업특구로 지정하여 지원을 이어갔다. 798 艺术区의 넓은 공간을 속속들이 가득 메운 각종 전시와 공연, 행위 예술, 테마 상점 등은 예술가뿐만 아니라 일반 시민들도 생활 속에서 예술을 경험하고 체험할 수 있도록 했다. 그 결과 베이징 798 艺术区는 국제적으로도 큰 명성을 쌓아가며, 다양한 전시와 이벤트를 체험할 수 있는 중국 현대 미술을 대표하는 공간으로 자리매김하게 되었다.

✦ 상업화된 예술지구와 798 艺术区를 떠나는 예술가들

798 艺术区가 가지는 상징성과 이 공간이 주는 독특한 분위기는 중국 현대 문화예술인들과 관객들에게 예술적 영감과 교류의 장을 제공할 수 있었다. 하지만 798 艺术区의 유명세가 날로 커지면서 이 지구는 본래 취지와는 다른 방향으로 발전할 수밖에 없었다.

798 艺术区가 성행할수록 각종 편의시설과 상업시설이 들어서게 되었고, 공장 지대를 개조해 창작 공간으로 이용하던 가난한 예술가들을 위한 저렴한 임대료는 천정부지로 상승했다. 결국 예술인들의 공간은 점차 고급 레스토랑과 카페, 고급 인테리어숍과 예술 편집숍들로 대체되어 가면서, 798 艺术区는 예술 창작 공간보다는 상업적 관광지구의 성격을 가지게 되었다. 하지만, 그럼에도 불구하고 베이징 798 艺术区는 직접 가서 경험하고 체험해 볼 가치가 충분한 공간이다.

베이징에 방문하면 하루 정도는 시간을 내서 798 艺术区에 방문해 보자. 폐공장 터가 그대로 남아 있는 공간에서 베이징 현대 미술과 현지인에게도 인기 있는 공간을 동시에 느껴볼 수 있을 것이다. 이왕 시간을 내서 나선 김에 바로 근처에 있는 中央美术学院도 방문할 것을 추천한다. 中央美术学院에서는 일반 시민을 대상으로 하는 초청 강연이나 교육 프로그램이 활발히 진행되고 있으며, 무엇보다 중국 현대 미술을 이끌어 갈 졸업생들의 작품 전시가 연중 무상으로 열리고 있다. 베이징 젊은 예술가들의 자유로운 분위기와 예술 세계를 직접 느껴보고 싶다면 798 艺术区와 함께 꼭 한 번은 방문해야 하는 장소이다.

中央美术学院

中央美术学院

这个座位是我的。

이 자리는 제 자리예요.

《학습 목표》

❶ 화자의 주관적인 추측, 판단 등을 표현하기
❷ 동작 상태의 반복 표현하기
❸ 지속상의 활용 문형 표현하기

문형 ❶ 他的话是很可信的。/ 他的话是不可信的。

03-01

Tā de huà shì hěn kěxìn de. / Tā de huà shì bù kěxìn de.

그의 말은 믿을만하다. / 그의 말은 믿을만하지 않다.

她的汉语 Tā de Hànyǔ	很流利 hěn liúlì	流利 liúlì
我相信他 Wǒ xiāngxìn tā	会来 huì lái	会来 huì lái
他的看法 Tā de kànfǎ	可以理解 kěyǐ lǐjiě	能理解 néng lǐjiě

A 他的话是可信的吗? 그의 말은 믿을만하니?
Tā de huà shì kěxìn de ma?

B 他的话是很可信的。/ 他的话是不可信的。
Tā de huà shì hěn kěxìn de. / Tā de huà shì bù kěxìn de.
그의 말은 믿을만해. / 그의 말은 믿을만하지 않아.

A 他的看法能理解吗? 그의 견해를 이해할 수 있니?
Tā de kànfǎ néng lǐjiě ma?

B 他的看法是可以理解的。/ 他的看法是不能理解的。
Tā de kànfǎ shì kěyǐ lǐjiě de. / Tā de kànfǎ shì bù néng lǐjiě de.
그의 견해를 이해할 수 있어. / 그의 견해를 이해할 수 없어.

可信 kěxìn 형 믿을만하다 | 相信 xiāngxìn 동 믿다 | 看法 kànfǎ 명 의견, 견해

A : 这台手机是你的吗? 이 휴대폰은 당신 것인가요?
Zhè tái shǒujī shì nǐ de ma?

03-02

这部电影 Zhè bù diànyǐng	美国 Měiguó
他 Tā	开车 kāi chē
这 Zhè	真 zhēn

B : 那台手机是我的。 그 휴대폰은 제 것입니다.
Nà tái shǒujī shì wǒ de.

那部电影 Nà bù diànyǐng	中国 Zhōngguó
他 Tā	开车 kāi chē
那 Nà	假 jiǎ

 这台手机是谁的? 이 휴대폰은 누구 거니? **那台手机是我的。** 그 휴대폰은 내 거야.
Zhè tái shǒujī shì shéi de? Nà tái shǒujī shì wǒ de.

真 zhēn 형 진실의, 진짜의 | 假 jiǎ 형 거짓의, 가짜의

문형 **3**

昨天我买了一双鞋，今天又买了一双。

🎧 03-03 Zuótiān wǒ mǎi le yì shuāng xié, jīntiān yòu mǎi le yì shuāng.

어제 나는 신발 한 켤레를 샀고, 오늘 또 한 켤레를 샀다.

中午 Zhōngwǔ	吃 chī	个汉堡包 ge hànbǎobāo	晚上 wǎnshang	个 ge
昨天 Zuótiān	看 kàn	部爱情片 bù àiqíngpiàn	今天 jīntiān	部 bù
上午 Shàngwǔ	喝 hē	杯咖啡 bēi kāfēi	下午 xiàwǔ	杯 bēi

A 昨天我买了一双鞋，今天又买了一双。
Zuótiān wǒ mǎi le yì shuāng xié, jīntiān yòu mǎi le yì shuāng.
어제 나 신발 한 켤레 샀는데, 오늘 또 한 켤레 샀어.

你怎么又买了一双鞋? **B**
Nǐ zěnme yòu mǎi le yì shuāng xié?
너 왜 한 켤레를 또 샀니?

 문형 **4**

这首歌真好听，我要再听一遍。

🎧 03-04 Zhè shǒu gē zhēn hǎotīng, wǒ yào zài tīng yí biàn.

이 노래 정말 듣기 좋아요. 저 한 번 더 들을게요.

道菜 dào cài	非常 fēicháng	好吃 hǎochī	点 diǎn	份儿 fènr
杯咖啡 bēi kāfēi	可 kě	好喝了 hǎohē le	喝 hē	杯 bēi
部电影 bù diànyǐng	太 tài	有意思了 yǒu yìsi le	看 kàn	遍 biàn

A 这首歌怎么样?
Zhè shǒu gē zěnmeyàng?
이 노래 어때?

这首歌真好听，我要再听一遍。 **B**
Zhè shǒu gē zhēn hǎotīng, wǒ yào zài tīng yí biàn.
이 노래 정말 좋다. 나 한 번 더 들을래.

汉堡包 hànbǎobāo 명 햄버거 | 爱情片 àiqíngpiàn 명 로맨스 영화

她躺着看小说呢。 그녀는 누워서 소설을 읽고 있다.

 Tā tǎng zhe kàn xiǎoshuō ne.

03-05

喝 hē	茶 chá	聊天儿 liáo tiānr
听 tīng	音乐 yīnyuè	写作业 xiě zuòyè
站 zhàn		打电话 dǎ diànhuà

A 她在做什么呢? 그녀는 뭐 하고 있니?
Tā zài zuò shénme ne?

她躺着看小说呢。 그녀는 누워서 소설을 읽고 있어. **B**
Tā tǎng zhe kàn xiǎoshuō ne.

독해1  03-06

终于到了周末， 铃木园子打算去看电影。 到了
Zhōngyú dào le zhōumò,   Língmù Yuánzǐ dǎsuàn qù kàn diànyǐng.   Dào le

电影院， 她买了一杯可乐， 又买了一桶爆米花。 离电影
diànyǐngyuàn, tā mǎi le yì bēi kělè,   yòu mǎi le yì tǒng bàomǐhuā.   Lí diànyǐng

开始还有半个多小时， 她想时间还早， 就坐在椅子上
kāishǐ hái yǒu bàn ge duō xiǎoshí,   tā xiǎng shíjiān hái zǎo,   jiù zuòzài yǐzi shang

一边吃爆米花， 一边看手机。 可不小心把爆米花都撒在
yìbiān chī bàomǐhuā,   yìbiān kàn shǒujī.   Kě bù xiǎoxīn bǎ bàomǐhuā dōu sǎzài

了地上， 她只好又去买了一桶爆米花。
le dì shang,   tā zhǐhǎo yòu qù mǎi le yì tǒng bàomǐhuā.

终于 zhōngyú 부 마침내, 결국 ┃ 桶 tǒng 양 통 통으로 포장된 물건을 세는 단위 ┃ 多 duō 수 ~여, ~남짓 수사, 수량사 뒤에
사용됨 ┃ 撒 sǎ 동 흘리다, 엎지르다

她拿着可乐和爆米花走进影厅，按照座位号找到了
Tā ná zhe kělè hé bàomǐhuā zǒujìn yǐngtīng,　ànzhào zuòwèi hào zhǎodào le

自己的座位，可别人坐在那个座位上。她拿着电影票看
zìjǐ de zuòwèi,　kě biéren zuòzài nà ge zuòwèi shang.　Tā ná zhe diànyǐngpiào kàn

来看去，没错啊！于是她对那个人说："不好意思，这
lái kàn qù,　méi cuò a!　Yúshì tā duì nà ge rén shuō:　"Bù hǎoyìsi,　zhè

个座位是我的。您再确认一下。"那个人急忙拿出电影票
ge zuòwèi shì wǒ de.　Nín zài quèrèn yíxià."　Nà ge rén jímáng náchū diànyǐngpiào

确认后说："哦，我的座位是后面一排的。真抱歉！"
quèrèn hòu shuō:　"Ò,　wǒ de zuòwèi shì hòumiàn yì pái de.　Zhēn bàoqiàn!"

虽然今天有各种不顺利的事情，但铃木园子觉得电影
Suīrán jīntiān yǒu gè zhǒng bú shùnlì de shìqing,　dàn Língmù Yuánzǐ juéde diànyǐng

很有意思，她打算下个星期再看一遍。
hěn yǒu yìsi,　tā dǎsuàn xià ge xīngqī zài kàn yí biàn.

독해1 확인 학습	1. 스즈키가 영화관에서 산 것이 <u>아닌</u> 것은 무엇입니까?

　　① 一杯可乐　　　　② 一瓶水　　　　③ 一桶爆米花

2. 스즈키는 다음 주 주말에 무엇을 하려고 합니까?

　　① 再看电影　　　　② 买一桶爆米花　　　③ 再看手机

影厅 yǐngtīng 상영관 | 按照 ànzhào 전 ~에 따라, ~에 근거하여 | 座位 zuòwèi 명 자리, 좌석 | 电影票 diànyǐngpiào 명 영화표 | 于是 yúshì 접 그래서, 그리하여 | 确认 quèrèn 명 동 확인(하다) | 急忙 jímáng 형 급하다, 바쁘다 | 哦 ò 감 아, 어머 | 排 pái 명 양 줄, 열 열, 줄로 이루어진 것을 세는 단위 | 抱歉 bàoqiàn 형 미안하다 | 各 gè 대 각, 여러 가지 | 顺利 shùnlì 형 순조롭다

给猫挂铃铛

有一群老鼠住在有钱人的家里。 它们早上偷玉米,
Yǒu yì qún lǎoshǔ zhùzài yǒu qián rén de jiā li.　　Tāmen zǎoshang tōu yùmǐ,

晚上又偷玉米, 每天躺着吃偷来的东西, 吃完玉米后再
wǎnshang yòu tōu yùmǐ,　měitiān tǎng zhe chī tōulái de dōngxi,　chīwán yùmǐ hòu zài

喝主人家的高级葡萄酒, 生活过得非常舒服。 有一天,
hē zhǔrén jiā de gāojí pútáojiǔ,　shēnghuó guò de fēicháng shūfu.　Yǒu yì tiān,

主人家来了一只猫。 这只猫不是主人带来的, 是朋友送
zhǔrén jiā lái le yì zhī māo.　Zhè zhī māo bú shì zhǔrén dàilái de,　shì péngyou sòng

的。 猫是黑色的, 眼睛也是黑色的, 看起来很可怕,
de.　Māo shì hēisè de,　yǎnjing yě shì hēisè de,　kàn qǐlái hěn kěpà,

而且这只猫还是抓老鼠的能手。 从那以后, 老鼠很难
érqiě zhè zhī māo háishi zhuā lǎoshǔ de néngshǒu.　Cóng nà yǐhòu,　lǎoshǔ hěn nán

偷到玉米, 生活越来越不容易。
tōudào yùmǐ,　shēnghuó yuè lái yuè bù róngyì.

所以, 老鼠们聚在一起, 讨论该怎么办。 可谁也
Suǒyǐ,　lǎoshǔmen jùzài yìqǐ,　tǎolùn gāi zěnme bàn.　Kě shéi yě

没有好办法, 一个年纪最大的老鼠说: "那大家都好好儿
méi yǒu hǎo bànfǎ,　yí ge niánjì zuì dà de lǎoshǔ shuō:　"Nà dàjiā dōu hǎohāor

想想, 吃完晚饭后再开会讨论。" 到了晚上, 老鼠们又
xiǎngxiang, chīwán wǎnfàn hòu zài kāi huì tǎolùn."　Dào le wǎnshang,　lǎoshǔmen yòu

---

猫 māo 명 고양이 | 铃铛 língdang 명 방울 | 群 qún 양 무리, 떼 무리를 세는 단위 | 老鼠 lǎoshǔ 명 쥐 | 玉米 yùmǐ
명 옥수수 | 主人 zhǔrén 명 주인 | 高级 gāojí 형 고급(의), 상급(의) | 葡萄酒 pútáojiǔ 명 와인 | 黑色 hēisè 명 검은색 |
眼睛 yǎnjing 명 눈 | 可怕 kěpà 형 두렵다, 무섭다 | 抓 zhuā 동 잡다, 붙잡다 | 聚 jù 동 모으다, 모이다 | 讨论 tǎolùn
동 토론하다, 논의하다 | 该 gāi 조동 ~해야 한다 | 办法 bànfǎ 명 방법, 수단

聚在了一起， 一个看起来很聪明的老鼠站起来， 说:
jùzài le yìqǐ, yí ge kàn qǐlái hěn cōngmíng de lǎoshǔ zhàn qǐlái, shuō:

"我们在猫的脖子上挂一个铃铛， 这样猫一动， 铃铛就
"Wǒmen zài māo de bózi shang guà yí ge língdang, zhèyàng māo yí dòng, língdang jiù

会发出声音， 我们逃跑就很容易了。 " 别的老鼠都为它
huì fāchū shēngyīn, wǒmen táopǎo jiù hěn róngyì le." Biéde lǎoshǔ dōu wèi tā

鼓掌: "你是最聪明的， 这真是一个好主意啊！ "
gǔ zhǎng: "Nǐ shì zuì cōngmíng de, zhè zhēn shì yí ge hǎo zhǔyi a!"

这时， 一个最小的老鼠小声地说: "那谁去挂铃铛
Zhèshí, yí ge zuì xiǎo de lǎoshǔ xiǎo shēng de shuō: "Nà shéi qù guà língdang

呢？ " 老鼠们又失望地说: "哎， 这个办法是不行的，
ne?" Lǎoshǔmen yòu shīwàng de shuō: "Āi, zhè ge bànfǎ shì bù xíng de,

我们再想想其他的办法吧。 "
wǒmen zài xiǎngxiang qítā de bànfǎ ba."

독해 2
확인 학습

1. 쥐들이 먹은 것이 <u>아닌</u> 것은 무엇입니까?
① 玉米　　　② 葡萄酒　　　③ 爆米花

2. 고양이 눈 색은 무슨 색입니까?
① 黑色　　　② 白色　　　③ 红色

3. 고양이 목에 방울을 다는 의견은 누가 제시했습니까?
① 年纪最大的老鼠　　② 看起来很聪明的老鼠　　③ 最小的老鼠

脖子 bózi 명 목 | **发出** fāchū 동 (소리 등을) 내다 | **声音** shēngyīn 명 소리 | **逃** táo 동 달아나다, 도망치다 | **为** wèi 전 ~에게, ~을 위하여 | **鼓掌** gǔ//zhǎng 동 박수치다 为他鼓掌 | **主意** zhǔyi 명 생각, 의견 | **失望** shīwàng 형 실망하다 | **哎** āi 감 아이, 아이고

03 문법 학습

1. '是……的'구문(2)

1 '是……的'구문(2)

'是……的'구문(2)는 화자의 주관적인 생각이나 견해 또는 태도 등을 단정적으로 나타낼 경우 사용하는데, 부정은 '是不……的'로 합니다. '是……的'를 생략해도 문장이 성립하지만, 주관적이고 단정적인 느낌이 덜합니다.

▶ 她的汉语是很流利的。 / 她的汉语是不流利的。
Tā de Hànyǔ shì hěn liúlì de. / Tā de Hànyǔ shì bù liúlì de.
그녀의 중국어는 유창하다. / 그녀의 중국어는 유창하지 않다.

▶ 她的汉语很流利。 / 她的汉语不流利。
Tā de Hànyǔ hěn liúlì. / Tā de Hànyǔ bù liúlì.
그녀의 중국어는 유창하다. / 그녀의 중국어는 유창하지 않다.

2 '是……的'구문(3)

'是……的'구문(3)은 '的' 뒤의 명사 성분이 생략된 구문입니다. 생략된 부분은 문맥을 통해 보충하거나 추측할 수 있습니다.

▶ 那台手机是我的(手机)。 저 휴대폰은 내 것이다.
Nà tái shǒujī shì wǒ de (shǒujī).

▶ 他是开车的(人)。 그는 운전사이다.
Tā shì kāi chē de (rén).

2. 부사 '又'(1)과 '再'(1)

부사 '又'와 '再'는 모두 '또, 다시'라는 의미로 동작 상태의 반복을 나타냅니다.

▶ 回到家后，她又点了一盘比萨饼。 집에 돌아온 후, 그녀는 피자 한 판을 또 주문했다.
    Huídào jiā hòu, tā yòu diǎn le yì pán bǐsàbǐng.

▶ 他不在，你明天再来吧。 그가 없으니, 당신은 내일 다시 오세요.
    Tā bú zài, nǐ míngtiān zài lái ba.

이러한 '又'와 '再'의 구체적인 용법에는 다소 차이가 있습니다. '又'는 이미 발생한 일의 반복을 나타내고, '再'는 발생하지 않은 일의 반복을 나타냅니다.

▶ 那道菜非常好吃，我昨天又吃了一次。 그 요리가 너무 맛있어서 나는 어제 한 번 더 먹었다.
    Nà dào cài fēicháng hǎochī, wǒ zuótiān yòu chī le yí cì.

▶ 那道菜非常好吃，我要再吃一份儿。 그 요리가 너무 맛있어서 나는 일 인분을 더 먹으려고 한다.
    Nà dào cài fēicháng hǎochī, wǒ yào zài chī yí fènr.

▶ 刚吃完晚饭，她又吃了一块儿蛋糕。 방금 저녁밥을 먹었는데, 그녀는 또 케이크 한 조각을 먹었다.
    Gāng chīwán wǎnfàn, tā yòu chī le yí kuàir dàngāo.

▶ "老师，我听不懂，请您再说一遍。" "선생님, 저 못 알아듣겠어요. 다시 한 번 말씀해 주세요."
    "Lǎoshī, wǒ tīng bu dǒng, qǐng nín zài shuō yí biàn."

아직 발생하지 않은 일에 관해 물어보는 의문문에서는 일반적으로 '还'를 사용합니다.

▶ 你明天还来吗？ 너 내일도 오니?
    Nǐ míngtiān hái lái ma?

▶ 明天你还想去那家饭馆吗？ 내일 너 또 그 식당에 가고 싶니?
    Míngtiān nǐ hái xiǎng qù nà jiā fànguǎn ma?

盘 pán 양 그릇 표면이 넓거나 평평한 것 등을 세는 단위 | 块 kuài 양 조각, 장 덩어리 또는 조각이나 납작한 물건을 세는 단위

3. '再'(2)

'再'(2)는 '~한 다음'이라는 의미로, 동작의 발생 순서를 나타낼 때 사용합니다.

▸ 你做完作业再看电视吧。 너 숙제 다 하고 나서 TV 보렴.
 Nǐ zuòwán zuòyè zài kàn diànshì ba.

▸ 我习惯吃完饭再去健身房。 나는 밥을 먹고 나서 헬스장에 가는 것이 습관이 되었다.
 Wǒ xíguàn chīwán fàn zài qù jiànshēnfáng.

4. 지속상조사 '着'의 활용

동시에 진행되는 두 개의 동작 또는 'V₂(O₂)'의 방식을 나타낼 때, 'V₁着(O₁)V₂(O₂)'의 형식을 사용합니다.

▸ 他笑着说："我们一起走吧。" 그는 웃으며 "우리 같이 가자."고 말했다.
 Tā xiào zhe shuō: "Wǒmen yìqǐ zǒu ba."

▸ 她听着音乐做作业。 그녀는 음악 들으면서 숙제를 한다.
 Tā tīng zhe yīnyuè zuò zuòyè.

▸ 我们走着去图书馆。 우리는 걸어서 도서관에 간다.
 Wǒmen zǒu zhe qù túshūguǎn.

또한, 'V着'는 'V₁着V₁着V₂'의 형식으로 출현하여, 'V₁하다가 V₁하다가 V₂하게 된다'라는 의미를 나타냅니다.

▸ 他说着说着又生气了。 그는 계속 말하다가 또 화를 냈다.
 Tā shuō zhe shuō zhe yòu shēng qì le.

▸ 她听着听着睡着了。 그녀는 (음악 등을) 듣다가 잠들었다.
 Tā tīng zhe tīng zhe shuìzháo le.

健身房 jiànshēnfáng 명 헬스장, 헬스클럽

1. 녹음을 듣고 알맞은 답을 고르세요. 🎧 03-08

　　(1) 铃木园子什么时候去看电影?

　　　　❶ 星期一　　　　　❷ 星期五　　　　　❸ 周末

　　(2) 铃木园子买了几张电影票?

　　　　❶ 一张　　　　　❷ 两张　　　　　❸ 没买

2. 녹음을 듣고 질문의 답안과 일치하면 ○, 틀리면 ✕를 표시하세요. 🎧 03-09

　　(1) 男的要再听一遍。

　　(2) 他的话是可信的。

　　(3) 她听着音乐看书。

3. 사진을 보고 상황에 맞게 대화를 완성해 보세요.

(1)

　A: 她在做什么呢?

　B: _____
　　 ('着' 사용)

(2)

　A: 这台手机是谁的?

　B: _____

4. 다음 문장을 중국어로 써 보세요.

(1) 그가 없으니, 당신은 내일 다시 오세요.

» _____

(2) 방금 저녁밥을 먹었는데, 그녀는 또 케이크 한 조각을 먹었다.

» _____

(3) 이 자리는 제 자리입니다.

» _____

(4) 그녀는 음악을 들으면서 숙제를 한다.

» _____

(5) 어제 나는 신발 한 켤레를 샀고, 오늘 또 한 켤레를 샀다.

» _____

5. 다음 단어 및 구를 어순에 알맞게 배열(첫 단어로 시작)해 보세요.

(1) 的(2회) / 流利 / 很 / 汉语 / 是 / 。

  » 她 _____

(2) 点 / 好吃 / 一份儿 / 非常 / 要 / 我 / 再 / , / 。

  » 这道菜 _____

(3) 着 / 电话 / 站 / 打 / 。

  » 她 _____

(4) 的(2회) / 是 / 理解 / 可以 / 看法 / 。

  » 他 _____

(5) 听(2회) / 着(2회) / 了 / 睡着 / 。

  » 她 _____

중국 문화

중국인의 반려동물 사랑

반려동물은 중국어로 宠物 chǒngwù 라고 한다. 말 그대로 총애하는 동물을 가리키는 셈이다. 집에서 동물을 기르는 것이 대중적으로 확산된 것은 청나라 말기부터인데, 이후 한때는 이를 부르주아 계급의 사치스러운 문화로 여겨 금기시하기도 했다. 현재는 상당수의 중국인이 개, 고양이, 새, 관상어 등 다양한 종류의 반려동물과 함께하고 있다.

✦ 중국 전통견 차우차우(chow chow)

'차우차우'라는 이름으로 더 잘 알려진 松狮犬 sōngshīquǎn 은 약 2,000년 이상의 역사를 가진 중국을 원산지로 하는 애완견이다. 松狮犬은 고대 중국 唐 Táng 시기 황제의 총애를 받았다고 전해지며, 고대 중국인들은 松狮犬을 악귀를 물리치는 수호견으로 생각했다고 한다.

松狮犬의 외형은 전체적으로 몸에 비해 머리가 크고, 근육이 발달되어 있다. 찡그리고 있는 듯한 얼굴과 납작한 주둥이, 주름에 가려 작아 보이는 눈을 특징으로 한다. 또한, 짧고 과장된 걸음걸이와 검정빛 혹은 붉은 보랏빛을 띠는 혀가 특징이다.

✦ 꼭 필요한 반려동물 등록증

중국에서 반려동물을 키우려면 반드시 해당 지역 관할 기관에 등록해야 하는데 거주 지역에 따라 절차와 비용에 차이가 있지만, 등록 과정과 관리는 꽤 엄격한 편이다. 관리는 중점 관리 지역과 일반 관리 지역으로 나뉘며, 중점 관리 지역에 속하는 베이징시의 경우는 한 가구당 한 마리의 반려동물만 키울 수 있다.

반려동물 등록을 위해서는 동물의 사진과 이름, 성별, 품종, 고유번호는 물론 반려동물 주인의 개인 정보도 함께 등록해야 하고, 집주인의 동의서와 서명도 필요하다. 최초 등록 시 1000元을 내고 그 후 해마다 500元 정도를 지불해야 한다. 또한, 등록증에는 매년 접종 기록을 기재하고, 반려동물과 함께 외출할 때는 반드시 등록증을 지참해야 한다.

✦ 날로 커지는 반려동물 시장

중국의 반려동물 인구는 꾸준히 증가하고 있는데 이는 오랫동안 유지되던 한 자녀 정책의 영향과 중국 인구 고령화 가속, 1인 가구 증가 등을 원인으로 꼽을 수 있다. 이 밖에, 코로나 19를 겪으면서 반려동물을 키우는 인구가 대폭 늘어나기도 했다. 이에 따라 반려동물 시장도 함께 고속 성장을 기록하여 宠物经济 chǒngwù jīngjì 혹은 它经济 tā jīngjì 라는 말이 등장하기도 했다.

구체적으로, 반려동물의 건강을 책임지는 宠物医院 chǒngwù yīyuàn 은 물론, 반려동물의 미용을 관리하는 宠物美容院 chǒngwù měiróngyuàn 이 성행하고 있으며 최고급 유기농 사료 및 간식, 유치원 및 호텔 서비스 등 반려동물을 위한 각종 서비스가 성행하고 있다. 특히, 반려동물을 자기 자신과 동일시하여 반려동물을 위해 아낌없이 투자하는 펫미(Pet-Me)족이 많아지면서 중국 반려동물 시장은 더욱 성장할 전망이다.

펫미족을 뜻하는 绚宠派 xuànchǒngpài
소비자를 위한 광고 화보

我的手冻得冰凉冰凉的。

내 손은 얼어서 얼음장같이 차가워요.

〈학습 목표〉

❶ 형용사를 중첩하여 표현하기
❷ 의무의 의미 표현하기
❸ 추측의 어감 표현하기

01 문형 학습

 문형 ①

我妹妹打扮得漂漂亮亮的。 내 여동생은 아주 예쁘게 치장했다.

Wǒ mèimei dǎban de piàopiaoliàngliàng de.

04-01

房间	收拾	干干净净
Fángjiān	shōushi	gānganjìngjìng

这孩子	长	白白的、胖胖
Zhè háizi	zhǎng	báibái de, pàngpàng

他哥哥	长	高高的、黑黑
Tā gēge	zhǎng	gāogāo de, hēihēi

A 你妹妹打扮得怎么样? 네 여동생 차림새는 어때?
Nǐ mèimei dǎban de zěnmeyàng?

B 我妹妹打扮得漂漂亮亮的。 내 여동생은 아주 예쁘게 치장했어.
Wǒ mèimei dǎban de piàopiaoliàngliàng de.

 문형 ②

她认认真真地看书。 그녀는 열심히 책을 읽는다(공부한다).

Tā rènrenzhēnzhēn de kàn shū.

04-02

高高兴兴	去学校
gāogaoxìngxìng	qù xuéxiào

仔仔细细	检查
zǐzixìxì	jiǎnchá

平平安安	回家了
píngping'ān'ān	huí jiā le

A 她看书吗? 그녀는 책을 읽니(공부하니)?
Tā kàn shū ma?

B 她认认真真地看书。 그녀는 매우 열심히 책을 읽어(공부해).
Tā rènrenzhēnzhēn de kàn shū.

打扮 dǎban 명 동 단장(하다), 치장(하다) | 胖 pàng 형 뚱뚱하다, 살찌다 | 平安 píng'ān 형 평안하다

문형 3

我的手冻得冰凉冰凉的。 내 손은 얼어서 얼음장같이 차갑다.

 Wǒ de shǒu dòng de bīngliáng bīngliáng de.
04-03

停电了，我的房间漆黑漆黑
Tíng diàn le, wǒ de fángjiān qīhēi qīhēi

最近我的眼睛一直通红通红
Zuìjìn wǒ de yǎnjing yìzhí tōnghóng tōnghóng

她非常紧张，脸色煞白煞白
Tā fēicháng jǐnzhāng, liǎnsè shàbái shàbái

A 你的手怎么了？ 너 손이 왜 그래?
Nǐ de shǒu zěnme le?

B 我的手冻得冰凉冰凉的。 내 손 얼어서 얼음장같이 차가워.
Wǒ de shǒu dòng de bīngliáng bīngliáng de.

 문형 4

今晚出差，我得去北京首都机场。

 Jīn wǎn chū chāi, wǒ děi qù Běijīng Shǒudū Jīchǎng.
04-04
오늘 저녁에 출장이 있어서, 나는 베이징 서우두 공항에 가야 한다.

今晚	聚会	去	西单站
Jīn wǎn	jùhuì	qù	Xīdān Zhàn
下个星期	考试	复习	课文
Xià ge xīngqī	kǎoshì	fùxí	kèwén
明天	开会	准备	一些资料
Míngtiān	kāi huì	zhǔnbèi	yìxiē zīliào

A 今晚出差，我得去北京首都机场。
Jīn wǎn chū chāi, wǒ děi qù Běijīng Shǒudū Jīchǎng.
오늘 저녁에 출장이 있어서, 나는 베이징 서우두 공항에 가야 해.

B 出差取消了，你不用去了。 출장이 취소되어서, 너는 갈 필요 없어.
Chū chāi qǔxiāo le, nǐ búyòng qù le.

冻 dòng 동 차다, 얼다 | 冰凉 bīngliáng 형 매우 차다 | 停电 tíng diàn 동 정전되다 | 漆黑 qīhēi 형 매우 어둡다 | 通红
tōnghóng 형 새빨갛다 | 脸色 liǎnsè 명 안색, 혈색 | 煞白 shàbái 형 창백하다 | 出差 chū//chāi 동 출장가다 出了一个
月的差 | 得 děi 조동 ~해야 한다 | 北京首都机场 Běijīng Shǒudū Jīchǎng 베이징 서우두 공항 | 复习 fùxí 명 동 복습(하
다) | 资料 zīliào 명 자료 | 取消 qǔxiāo 동 취소하다

我想她不知道那件事。 나는 그녀가 그 일을 모른다고 생각한다.

 Wǒ xiǎng tā bù zhīdào nà jiàn shì.
04-05

不会来 bú huì lái

不是韩国人 bú shì Hánguórén

没有时间 méi yǒu shíjiān

 她知不知道那件事? 그녀는 그 일을 아니 모르니?
Tā zhī bu zhīdào nà jiàn shì?

我想她不知道那件事。 나는 그녀가 그 일을 모른다고 생각해. **B**
Wǒ xiǎng tā bù zhīdào nà jiàn shì.

想 xiǎng 동 추측하다, 예상하다

독해1 04-06

今天上课的时候，　刘老师让我们猜谜语。　谜语一共
Jīntiān shàng kè de shíhou,　Liú lǎoshī ràng wǒmen cāi míyǔ.　Míyǔ yígòng

有两个，　大家也一起猜一猜吧。
yǒu liǎng ge,　dàjiā yě yìqǐ cāi yi cāi ba.

第一个，　"有时圆圆的，　有时弯弯的，　有时晚上
Dì yī ge,　"Yǒushí yuányuán de,　yǒushí wānwān de,　yǒushí wǎnshang

出来了，　有时晚上看不见。这是一个自然现象。"　第二
chūlái le,　yǒushí wǎnshang kàn bu jiàn. Zhè shì yí ge zìrán xiànxiàng."　Dì èr

个，　"耳朵长长的，　尾巴短短的，　眼睛红红的，　喜欢跳
ge,　"Ěrduo chángcháng de, wěiba duǎnduǎn de,　yǎnjing hónghóng de,　xǐhuan tiào

来跳去，　喜欢吃萝卜。这是一个动物。"
lái tiào qù,　xǐhuan chī luóbo.　Zhè shì yí ge dòngwù."

猜 cāi 동 추측하다, 알아맞히다 | 谜语 míyǔ 명 수수께끼 | 圆 yuán 형 둥글다 | 弯 wān 형 구불구불하다, 굽다 | 自然
zìrán 명 자연 | 现象 xiànxiàng 명 현상 | 耳朵 ěrduo 명 귀 | 尾巴 wěiba 명 꼬리 | 萝卜 luóbo 명 무 | 动物 dòngwù
명 동물

现在我来告诉大家这都是什么。第一个是月亮，第
Xiànzài wǒ lái gàosu dàjiā zhè dōu shì shénme.　　Dì yī ge shì yuèliang,　　dì

二个是兔子。你们猜对了几个？我想你们一定都猜对了！
èr ge shì tùzi.　　Nǐmen cāiduì le jǐ ge?　　Wǒ xiǎng nǐmen yídìng dōu cāi duì le!

那我就再问大家一个。"远看小小的、胖胖的，近看
Nà wǒ jiù zài wèn dàjiā yí ge.　　"Yuǎn kàn xiǎoxiǎo de,　pàngpàng de,　jìn kàn

雪白雪白的，每天打扮得漂漂亮亮的。这是一个人。"
xuěbái xuěbái de,　　měitiān dǎban de piàopiaoliàngliàng de.　Zhè shì yí ge rén."

知道是谁吗？这个人今年只有六岁，她就是我妹妹！
Zhīdào shì shéi ma?　Zhè ge rén jīnnián zhǐ yǒu liù suì,　tā jiù shì wǒ mèimei!

독해1 확인 학습	1. 누가 수업 시간에 문제를 냈습니까?

1. 누가 수업 시간에 문제를 냈습니까?
　① 我　　　　　　② 刘老师　　　　　③ 妹妹

2. 여동생의 특징이 <u>아닌</u> 것은 무엇입니까?
　① 喜欢跳来跳去　　② 每天打扮得漂漂亮亮的　③ 远看小小的、胖胖的

月亮 yuèliang 명 달 | 兔子 tùzi 명 토끼 | 雪白 xuěbái 형 새하얗다

北国冰城

明天上课的时候，我们每个人得介绍一个城市。
Míngtiān shàng kè de shíhou, wǒmen měi ge rén děi jièshào yí ge chéngshì.

介绍哪个地方好呢？ 我得好好儿想想。
Jièshào nǎ ge dìfang hǎo ne?　　Wǒ děi hǎohāor xiǎngxiang.

在我去过的城市中，让我最难忘的是哈尔滨。 去年
Zài wǒ qù guo de chéngshì zhōng, ràng wǒ zuì nánwàng de shì Hā'ěrbīn.　　Qùnián

寒假， 我和张燕去了 "北国冰城" ——哈尔滨。 去哈尔滨
hánjià,　　wǒ hé Zhāng Yàn qù le "Běiguó bīngchéng" —— Hā'ěrbīn.　　Qù Hā'ěrbīn

以前， 张燕说， 哈尔滨零下二十几度， 特别冷， 得多穿
yǐqián,　　Zhāng Yàn shuō, Hā'ěrbīn língxià èrshí jǐ dù,　　tèbié lěng,　　děi duō chuān

点儿。 我喜欢冬天， 喜欢冷的天气， 所以我想一定没问题
diǎnr.　　Wǒ xǐhuan dōngtiān,　　xǐhuan lěng de tiānqì,　　suǒyǐ wǒ xiǎng yídìng méi wèntí

的。 但一下飞机， 真的是太冷了！ 我的脸、 我的手都冻
de.　　Dàn yí xià fēijī,　　zhēn de shì tài lěng le!　　Wǒ de liǎn,　　wǒ de shǒu dōu dòng

得冰凉冰凉的。 零下二十几度怎么这么冷？ 我得穿得
de bīngliáng bīngliáng de.　Língxià èrshí jǐ dù zěnme zhème lěng?　　Wǒ děi chuān de

暖暖和和的， 于是我又穿上了一件厚厚的衣服， 还戴上
nuǎnnuanhuōhuō de,　　yúshì wǒ yòu chuānshang le yí jiàn hòuhòu de yīfu,　　hái dàishang

了帽子、 手套。
le màozi,　　shǒutào.

北国 běiguó 명 중국의 북부 ｜ 冰城 bīngchéng 고유 눈과 얼음의 도시 ｜ 城市 chéngshì 명 도시 ｜ 难忘 nánwàng 형 잊기 어렵다 ｜ 哈尔滨 Hā'ěrbīn 고유 하얼빈 ｜ 零下 língxià 명 영하 ｜ 度 dù 명 (온도) 도 ｜ 脸 liǎn 명 얼굴 ｜ 厚 hòu 형 두껍다

虽然天气特别冷， 但因为前一天下了雪， 整个城市
Suīrán tiānqì tèbié lěng, dàn yīnwèi qián yì tiān xià le xuě, zhěng ge chéngshì

都是雪白雪白的， 特别美！吃过晚饭， 我们激动地来到
dōu shì xuěbái xuěbái de, tèbié měi! Chī guo wǎnfàn, wǒmen jīdòng de láidào

公园看冰灯。冰灯五颜六色， 非常好看。最难忘的是大
gōngyuán kàn bīngdēng. Bīngdēng wǔ yán liù sè, fēicháng hǎokàn. Zuì nánwàng de shì dà

滑梯， 那个大滑梯长长的， 像一条龙， 大概有三百多米，
huátī, nà ge dà huátī chángcháng de, xiàng yì tiáo lóng, dàgài yǒu sānbǎi duō mǐ,

我想可能是世界上最长的吧。滑梯滑溜溜的， 我跟在
wǒ xiǎng kěnéng shì shìjiè shang zuì cháng de ba. Huátī huáliūliū de, wǒ gēnzài

张燕后边， 慢慢儿地爬了上去。从滑梯上向下看， 下面
Zhāng Yàn hòubian, mànmānr de pá le shàngqù. Cóng huátī shang xiàng xià kàn, xiàmian

的人都小小的。我突然觉得很紧张， 我哆哆嗦嗦地坐在
de rén dōu xiǎoxiǎo de. Wǒ tūrán juéde hěn jǐnzhāng, wǒ duōduosuōsuō de zuòzài

了滑梯前， 张燕可以， 我也可以的。哇！太快了！啊！
le huátī qián, Zhāng Yàn kěyǐ, wǒ yě kěyǐ de. Wā! Tài kuài le! Ā!

我的脸冻得通红通红的， 但太有意思了！
Wǒ de liǎn dòng de tōnghóng tōnghóng de, dàn tài yǒu yìsi le!

下雪 xià//xuě 동 눈이 내리다 下了雪 ｜ 整 zhěng 형 전체(의) ｜ 激动 jīdòng 동 흥분하다, 감격하다 ｜ 冰灯 bīngdēng 얼음
등 ｜ 五颜六色 wǔ yán liù sè 성어 가지각색, 여러 가지 빛깔 ｜ 滑梯 huátī 명 미끄럼틀 ｜ 龙 lóng 명 용 ｜ 世界 shìjiè 명
세계, 세상 ｜ 滑溜溜 huáliūliū 형 매끈매끈하다, 미끄럽다 ｜ 跟 gēn 동 따르다, 따라가다 ｜ 紧张 jǐnzhāng 형 긴장하다, 불안
하다 ｜ 哆嗦 duōsuo 동 부들부들 떨다 ｜ 啊 ā 감 아, 어, 와

我这样想着想着，突然又想去哈尔滨，想去坐那个
Wǒ zhèyàng xiǎng zhe xiǎng zhe, tūrán yòu xiǎng qù Hā'ěrbīn,　xiǎng qù zuò nà ge

大滑梯。
dà huátī.

독해 2
확인 학습

1. 나는 누구와 함께 하얼빈에 갔습니까?
　　① 自己去　　　　　　② 张燕　　　　　　③ 刘老师

2. 내가 착용하지 않은 것은 무엇입니까?
　　① 手套　　　　　　② 围巾　　　　　　③ 帽子

3. 하얼빈 여행에서 가장 내 기억에 남은 것은 무엇입니까?
　　① 天气　　　　　　② 冰灯　　　　　　③ 滑梯

1. 형용사 중첩

중국어 형용사에는 성질형용사와 상태형용사가 있습니다. 성질형용사는 사람·사물의 성질이나 모습을 나타내는 단어로 대부분의 형용사가 성질형용사입니다.

▶ 山上的风景非常美。 산 위의 풍경은 매우 아름답다.
 Shān shang de fēngjǐng fēicháng měi.

▶ 她打扫得很干净。 그녀는 깨끗하게 청소했다.
 Tā dǎsǎo de hěn gānjìng.

상태형용사는 사람·사물의 상태를 나타내는데, '很'과 같은 정도부사의 수식을 받지 못하며 서술어, 보어, 관형어로 사용될 때는 '的'와 함께 사용합니다.

▶ 那件衬衣洗得雪白雪白的。(*那件衬衣洗得很雪白。) 그 셔츠를 새하얗게 빨았다.
 Nà jiàn chènyī xǐ de xuěbái xuěbái de.

중국어의 일부 형용사는 중첩할 수 있는데, 중첩 방식은 성질형용사와 상태형용사에 따라 달라집니다. 형용사를 중첩하면 의미의 정도를 강조하거나 생동감이 더해져 사람이나 사물을 묘사할 때 주로 사용합니다. 중첩 후 서술어, 관형어, 보어로 쓰일 때는 일반적으로 뒤에 '的'를 붙이고, 부사어로 쓰일 때는 뒤에 '地'를 붙입니다. 이미 강조한 표현이므로 중첩한 형용사 앞에는 '很'과 같은 정도부사가 올 수 없습니다.

성질형용사 중첩 형식	AA	好好(儿) hǎohǎo, hǎohāor
		慢慢(儿) mànmàn, mànmānr
		白白 báibái
	AABB	高高兴兴 gāogaoxìngxìng
		干干净净 gānganjìngjìng

衬衣 chènyī 명 셔츠

▶ 放学了，校园里安安静静的。 학교가 끝나서 교정이 무척 조용하다.
Fàng xué le, xiàoyuán li ān'anjìngjìng de.

▶ 这孩子长得白白的、胖胖的，真可爱啊！ 이 아이는 새하얗고 포동포동한 게, 정말 귀여워!
Zhè háizi zhǎng de báibái de, pàngpàng de, zhēn kě'ài a!

▶ 他慢慢儿地站起来了。 그는 천천히 일어섰다.
Tā mànmānr de zhàn qǐlái le.

상태형용사 중첩 형식	ABAB	雪白雪白 xuěbái xuěbái
		冰凉冰凉 bīngliáng bīngliáng
		漆黑漆黑 qīhēi qīhēi

▶ 那件衬衣雪白雪白的。 그 셔츠는 새하얗다.
Nà jiàn chènyī xuěbái xuěbái de.

▶ 最近非常冷，我的两只手一直冰凉冰凉的。 요즘 몹시 추워서, 내 두 손은 줄곧 얼음장같이 차다.
Zuìjìn fēicháng lěng, wǒ de liǎng zhī shǒu yìzhí bīngliáng bīngliáng de.

▶ 停电了，房间漆黑漆黑的，什么也看不见。
Tíng diàn le, fángjiān qīhēi qīhēi de, shénme yě kàn bu jiàn.
정전이 되어 방안이 칠흑같이 어둡고 아무것도 보이지 않는다.

2. 조동사 '得'

'得(děi)'는 '~해야만 한다'는 강한 의무의 의미를 나타내는 조동사로, 부정은 '~할 필요가 없다'
는 뜻의 '不用'을 사용합니다.

▶ 今晚我一定得把作业做完。 오늘 저녁에 나는 반드시 숙제를 다 해야 한다.
Jīn wǎn wǒ yídìng děi bǎ zuòyè zuòwán.

▶ A: 明天开会，最晚早上七点我得去上班。 내일은 회의를 해서 늦어도 아침 7시에는 출근해야 해.
Míngtiān kāi huì, zuì wǎn zǎoshang qī diǎn wǒ děi qù shàng bān.

　B: 会取消了，明天你不用早上七点去上班。
Huì qǔxiāo le, míngtiān nǐ búyòng zǎoshang qī diǎn qù shàng bān.
회의 취소됐어. 내일 너 아침 7시에 출근하지 않아도 돼.

校园 xiàoyuán 명 교정, 캠퍼스 | 安静 ānjìng 형 조용하다, 고요하다 | 只 zhī 형 쪽, 짝 쌍을 이루는 물건의 하나를 세는 단위

'得'는 여러 가지 발음으로 읽을 수 있습니다. '얻다'라는 의미의 동사로 쓰이면 'dé'로 읽고, '(시간이) 걸리다/필요하다'라는 의미의 동사로 쓰이면 'děi'로 읽으며, 'V得C' 구조에 사용될 때는 'de'로 읽습니다.

▶ 去年我得(dé)了两次感冒。 작년에 나는 감기에 두 번 걸렸다.
　 Qùnián wǒ dé le liǎng cì gǎnmào.

▶ 从北京到上海坐火车得(děi)几个小时？ 베이징에서 상하이까지 기차를 타면 몇 시간이 걸립니까?
　 Cóng Běijīng dào Shànghǎi zuò huǒchē děi jǐ ge xiǎoshí?

▶ 我昨天玩儿得(de)很开心。 나는 어제 재미있게 놀았다.
　 Wǒ zuótiān wánr de hěn kāixīn.

▶ 我听得(de)懂老师的话。 나는 선생님 말씀을 듣고 이해할 수 있다.
　 Wǒ tīng de dǒng lǎoshī de huà.

3. '我想……'

동사 '想'이 'S+V+(O)' 구조를 수반한다면 이때의 '想'은 추측의 의미를 나타냅니다.

▶ A: 她今天晚上会不会来？ 그녀가 오늘 저녁에 올까 안 올까?
　 　 Tā jīntiān wǎnshang huì bu huì lái?

　 B: 我想她今天晚上不会来。 나는 그녀가 오늘 저녁에 오지 않을 거라고 생각해.
　 　 Wǒ xiǎng tā jīntiān wǎnshang bú huì lái.

▶ 我想她没有时间。 나는 그녀가 시간이 없다고 생각한다.
　 Wǒ xiǎng tā méi yǒu shíjiān.

▶ 我想明天不会下雨的。 나는 내일 비가 안 올 거라고 생각한다.
　 Wǒ xiǎng míngtiān bú huì xià yǔ de.

1. 녹음을 듣고 알맞은 답을 고르세요. 04-08

   (1) 刘老师让大家猜了几个谜语?

   ❶ 一个　　　　　❷ 两个　　　　　❸ 三个

   (2) 兔子不喜欢什么?

   ❶ 跳来跳去　　　❷ 吃萝卜　　　　❸ 打扮

2. 녹음을 듣고 질문의 답안과 일치하면 ○, 틀리면 ✕를 표시하세요. 04-09

   (1) 我妹妹打扮得漂漂亮亮的。

   (2) 我想她今天晚上会来。

   (3) 她认认真真地看书。

3. 사진을 보고 상황에 맞게 대화를 완성해 보세요.

   (1)

   A: _____

   B: 我的手冻得冰凉冰凉的。

   (2)

   A: 放学后，校园里怎么样?

   B: _____

4. 다음 문장을 중국어로 써 보세요.

(1) 그 셔츠를 새하얗게 빨았다.

>> _____

(2) 오늘 저녁에 나는 반드시 숙제를 다 해야 한다.

>> _____

(3) 내 손은 얼어서 얼음장같이 차갑다.

>> _____

(4) 그는 천천히 일어섰다.

>> _____

(5) 나는 그녀가 시간이 없다고 생각한다.

>> _____

5. 다음 단어 및 구를 어순에 알맞게 배열(첫 단어로 시작)해 보세요.

(1) 雪白(2회) / 的 / 衬衣 / 件 / 。

>> 那 _____

(2) 不知道 / 那 / 事 / 她 / 件 / 。

>> 我想 _____

(3) 资料 / 开会 / 准备 / 一些 / 我 / 得 / , / 。

>> 明天 _____

(4) 了(2회) / 不用 / 去 / 你 / 取消 / , / 。

>> 出差 _____

(5) 的(2회) / 得 / 白白 / 长 / 胖胖 / 、 / 。

>> 这孩子 _____

중국 문화

중국인의 언어유희, 歇后语 xiēhòuyǔ(끝줄임말)

✦ 歇后语란?

歇后语는 중국어 관용표현의 하나로 중국인들이 일상 대화에서 자주 쓰는 해학적인 언어 습관이다. 끝줄임말은 앞부분과 뒷부분으로 나뉘는데 앞에서는 수수께끼 문제처럼 말하고자 하는 바를 직접적으로 표현하지 않고, 잠시 쉬었다가 이어지는 뒷부분에서 구체적으로 의미하는 바를 표현하는 방식이다. 歇后语의 '歇'가 '휴식하다, 멈추다'라는 뜻을 가지니, 歇后语는 말 그대로 뒷부분 말(后语)을 잠시 쉬어서 표현하고자 하는 본뜻을 유추하게 하는 효과를 가진다.

예를 들어, '泥菩萨过江 ní púsà guò jiāng'은 '흙으로 빚은 보살이 강을 건넌다'는 의미인데, 여기까지만 들으면 무슨 의미인지 선뜻 이해하기가 어렵다. 이어지는 뒷부분은 '自身难保 zì shēn nán bǎo'로 제 몸도 보전하기 어렵다는 의미 즉, '제 코가 석 자'를 의미한다. 말하고자 하는 원래 의미를 직접적으로 표현하지 않고 유추가 가능하게 돌려 말하는 끝줄임말은 직설적인 표현을 꺼리는 중국인의 특징이 반영된 언어 습관이라 할 수 있는데, 동음이의어에서 유래했거나 사물에 대한 비유 혹은 이야기 고사에서 유래한 것이 많다.

▲ 다양한 끝줄임말 예시

八仙过海 bā xiān guò hǎi —— 各显神通 gè xiǎn shéntōng	
구문 의미	여덟 신선이 바다를 건너다 —— 제각기 나름의 방법을 가지고 있다
본뜻	중국의 유명한 신선인 呂洞宾 Lǚ Dòngbīn이 다른 일곱 명의 신선들과 함께 강을 건너는데, 이들은 배를 타지 않고 각자 신통한 능력을 발휘해서 강을 건넜다는 전설에서 유래했다. 어떤 일을 할 때 각자의 방법이 있다는 의미로 사람은 모두 각자의 재능이 있음을 의미한다.
狗拿耗子 gǒu ná hàozi —— 多管闲事 duō guǎn xiánshì	
구문 의미	개가 쥐를 잡는다 —— 쓸데없는 참견을 하다
본뜻	고양이가 아닌 개가 쥐를 잡는다는 것은 원래 자기 일이 아닌 일을 처리함을 의미한다. 즉, 불필요한 참견을 하는 경우, 혹은 쓸데없는 것까지 신경 쓰는 상황을 빗대어 말한다.
空棺材出葬 kōng guāncai chūzàng —— 墓(目)中无人 mù(mù) zhōng wú rén	
구문 의미	빈 관을 장지로 옮긴다 —— 무덤에 사람이 없다
본뜻	墓 mù와 目 mù의 발음이 같음에서 착안하여 '目中无人' 즉, '눈에 보이는 게 없다, 안하무인'을 의미한다.

一二三五六 yī èr sān wǔ liù —— 没事(四) méi shì(sì)	
구문 의미	1, 2, 3, 5, 6 —— 4가 없다(1부터 6까지 숫자 중 4가 빠졌음)
본뜻	事 shì와 四 sì의 발음이 비슷함에 착안하여 '没事' 즉, '괜찮다'를 의미한다.

猪八戒吃人参果 Zhūbājiè chī rénshēnguǒ —— 全不知滋味 quán bù zhī zīwèi	
구문 의미	저팔계가 인삼과를 먹는다 —— 맛을 전혀 알지 못한다, 돼지 목에 진주 목걸이
본뜻	소설《西游记 Xīyóujì》제24~26회의 고사로 저팔계가 장생불사를 가져다준다는 신화 속 약초 인삼과를 몰래 가져다 먹는다는 에피소드에서 유래한 말로, 인삼과의 가치를 모르는 저팔계에 빗대어 어떤 일의 가치를 몰라보는 상황에서 사용된다.

제5과

今天比昨天冷多了。

오늘은 어제보다 훨씬 추워요.

《학습 목표》

❶ 비교되는 대상의 특성에 차이가 있음을 표현하기

❷ '(要是)······的话'를 사용하여 가정 혹은 가설 표현하기

문형 ①

今天比昨天冷多了。 오늘은 어제보다 훨씬 춥다.

Jīntiān bǐ zuótiān lěng duōle.

05-01

高铁	普通火车	快得多
Gāotiě	pǔtōng huǒchē	kuài de duō
他	我	大一点儿
Tā	wǒ	dà yìdiǎnr
这台电脑	那台	贵一些
Zhè tái diànnǎo	nà tái	guì yìxiē

A 今天比昨天冷吗? 오늘은 어제보다 춥니?
Jīntiān bǐ zuótiān lěng ma?

今天比昨天冷多了。 오늘은 어제보다 훨씬 추워. **B**
Jīntiān bǐ zuótiān lěng duōle.

 문형 ②

他唱得很好，他的粉丝比他唱得还好。

Tā chàng de hěn hǎo, tā de fěnsī bǐ tā chàng de hái hǎo.

05-02

그는 노래를 잘 부르는데, 그의 팬들은 그보다 더 잘 부른다.

昨天天气	冷	今天	昨天
Zuótiān tiānqì	lěng	jīntiān	zuótiān
她	聪明	她妹妹	她
Tā	cōngmíng	tā mèimei	tā
我家的床	舒服	我家的沙发	床
Wǒ jiā de chuáng	shūfu	wǒ jiā de shāfā	chuáng

A 他唱得好吗? 그는 노래를 잘 부르니?
Tā chàng de hǎo ma?

他唱得很好，他的粉丝比他唱得还好。 **B**
Tā chàng de hěn hǎo, tā de fěnsī bǐ tā chàng de hái hǎo.
그는 노래를 잘 부르는데, 그의 팬들은 그보다 더 잘 불러.

高铁 gāotiě 몡 고속 철도 '高速铁路(gāosù tiělù)'의 약칭 | 普通 pǔtōng 톙 보통이다, 일반적이다 | 沙发 shāfā 몡 소파

他没有我高。/ 他不比我高。

05-03

Tā méiyǒu wǒ gāo. / Tā bù bǐ wǒ gāo.

그는 나만큼 키가 크지 않다. / 그가 나보다 (키가) 큰 건 아니다.

今天 Jīntiān	昨天 zuótiān	热 rè
这件衣服 Zhè jiàn yīfu	那件 nà jiàn	贵 guì
我的汉语 Wǒ de Hànyǔ	他 tā	好 hǎo

 他比你高吗? 그가 너보다 키가 크니?
Tā bǐ nǐ gāo ma?

他没有我高。/ 他不比我高。 그는 나만큼 키가 크지 않아. / 그가 나보다 키가 큰 건 아니야.
Tā méiyǒu wǒ gāo. / Tā bù bǐ wǒ gāo.

(要是)有时间的话，我就去旅行。

05-04

(Yàoshi) yǒu shíjiān de huà, wǒ jiù qù lǚxíng.

(만약) 시간이 있다면, 나는 여행 갈 것이다.

再便宜一点儿 zài piányi yìdiǎnr	买那件衣服 mǎi nà jiàn yīfu
下雨 xià yǔ	不去野营了 bú qù yěyíng le
喝酒 hē jiǔ	不参加聚会了 bù cānjiā jùhuì le

 你去不去旅行? 너 여행 가니 안 가니?
Nǐ qù bu qù lǚxíng?

(要是)有时间的话，我就去旅行。 (만약) 시간이 있다면, 나는 여행 갈 거야.
(Yàoshi) yǒu shíjiān de huà, wǒ jiù qù lǚxíng.

旅行 lǚxíng 명 동 여행(하다) | 野营 yěyíng 명 동 야영(하다)

那座城市变得很现代化了。　그 도시는 현대적으로 변했다.

 Nà zuò chéngshì biàn de hěn xiàndàihuà le.
05-05

普洱茶	变得更大众化
Pǔ'ěrchá	biàn de gèng dàzhònghuà

那个房子	有点儿老化
Nà ge fángzi	yǒudiǎnr lǎohuà

我们小区	绿化以后更美
Wǒmen xiǎoqū	lǜhuà yǐhòu gèng měi

A 那座城市怎么样?　그 도시 어때?
Nà zuò chéngshì zěnmeyàng?

那座城市变得很现代化了。　그 도시는 현대적으로 변했어. **B**
Nà zuò chéngshì biàn de hěn xiàndàihuà le.

现代 xiàndài 명 현대 | 化 huà 접미 ~화(하다) | 普洱茶 pǔ'ěrchá 명 푸얼차, 보이차 | 大众 dàzhòng 명 대중 | **房子** fángzi 명 집, 건물 | **老** lǎo 형 낡은, 구식의 | **小区** xiǎoqū 명 주택 단지, 주거 지구 | **绿** lǜ 형 푸른, 초록색의

78 베스트 중국어 3

독해1 🎧 05-06

快到"五一"劳动节了，这个假期要做什么呢？
Kuài dào "Wǔ Yī" Láodòngjié le, zhè ge jiàqī yào zuò shénme ne?

朴智敏开始做计划。他觉得出去走一走比待在家里有
Piáo Zhìmǐn kāishǐ zuò jìhuà. Tā juéde chūqù zǒu yi zǒu bǐ dāizài jiā li yǒu

意思，所以决定，要是没什么事情的话，就去旅行。这
yìsi, suǒyǐ juédìng, yàoshi méi shénme shìqing de huà, jiù qù lǚxíng. Zhè

一次去哪儿呢？他查来查去，发现最近淄博烧烤很有名。
yí cì qù nǎr ne? Tā chá lái chá qù, fāxiàn zuìjìn Zībó shāokǎo hěn yǒumíng.

淄博以前是个不大的城市，但最近变得很现代化了，
Zībó yǐqián shì ge bú dà de chéngshì, dàn zuìjìn biàn de hěn xiàndàihuà le,

所以他决定去淄博看看。
suǒyǐ tā juédìng qù Zībó kànkan.

自己去还是跟旅行团去？劳动节期间人比平时多得
Zìjǐ qù háishi gēn lǚxíngtuán qù? Láodòngjié qījiān rén bǐ píngshí duō de

多，跟旅行团去比自己去更方便，但没有自己去自由。
duō, gēn lǚxíngtuán qù bǐ zìjǐ qù gèng fāngbiàn, dàn méiyǒu zìjǐ qù zìyóu.

朴智敏决定自己去，然后再去青岛看看。他马上开始订
Piáo Zhìmǐn juédìng zìjǐ qù, ránhòu zài qù Qīngdǎo kànkan. Tā mǎshàng kāishǐ dìng

---

快 kuài 부 곧, 금방 | **劳动节** Láodòngjié 명 노동절, 근로자의 날 | **假期** jiàqī 명 휴가 기간 | **待** dāi 동 머물다, 체류하다 |
决定 juédìng 명 동 결정(하다) | **查** chá 동 검사하다, 찾아보다 | **淄博** Zībó 고유 쯔보시 | **烧烤** shāokǎo 명 바베큐 동
(고기·야채 따위를) 불에 굽다 | **旅行团** lǚxíngtuán 명 패키지 여행팀 | **期间** qījiān 명 기간 | **平时** píngshí 명 보통 때, 평
상시 | **自由** zìyóu 명 형 자유(롭다) | **青岛** Qīngdǎo 고유 칭다오 | **订** dìng 동 예약하다, 주문하다

火车票，他觉得动车最好，比普通火车快多了，而且
huǒchē piào, tā juéde dòngchē zuì hǎo, bǐ pǔtōng huǒchē kuài duōle, érqiě

没有高铁贵。可是动车票已经订光了，只好订了高铁。
méiyǒu gāotiě guì. Kěshì dòngchē piào yǐjīng dìngguāng le, zhǐhǎo dìng le gāotiě.

都决定好后，他高兴地说："烧烤、啤酒等着我吧！"
Dōu juédìng hǎo hòu, tā gāoxìng de shuō: "Shāokǎo, píjiǔ děng zhe wǒ ba!"

1. 박지민은 개인 여행의 어떤 점을 가장 좋게 생각합니까?
   ① 便宜　　　　　　　② 方便　　　　　　　③ 自由

2. 최근 쯔보시는 무엇으로 유명합니까?
   ① 现代化　　　　　　② 烧烤　　　　　　　③ 风景美

动车 dòngchē 명 고속 열차 '动力车辆(dònglì chēliàng)'의 약칭

比一比

小健和小康是兄弟，小健比小康大两岁，他们天天
Xiǎojiàn hé Xiǎokāng shì xiōngdì, Xiǎojiàn bǐ Xiǎokāng dà liǎng suì, tāmen tiāntiān

在一起玩儿。 有一天， 他们来到田里， 看见别人在种菜。
zài yìqǐ wánr. Yǒu yì tiān, tāmen láidào tián li, kànjiàn biéren zài zhòng cài.

小健说： "要是你愿意的话， 我们也种一些菜， 然后比一
Xiǎojiàn shuō: "Yàoshi nǐ yuànyì de huà, wǒmen yě zhòng yìxiē cài, ránhòu bǐ yi

比谁的菜更大！" 小康答应了： "我比哥哥力气大， 我种
bǐ shéi de cài gèng dà!" Xiǎokāng dāying le: "Wǒ bǐ gēge lìqi dà, wǒ zhòng

的菜一定更大。 "
de cài yídìng gèng dà."

小健种的是西红柿， 小康种的是土豆。 他们天天浇
Xiǎojiàn zhòng de shì xīhóngshì, Xiǎokāng zhòng de shì tǔdòu. Tāmen tiāntiān jiāo

水， 菜慢慢儿地长大了。 小康指着绿绿的土豆叶子说：
shuǐ, cài mànmānr de zhǎngdà le. Xiǎokāng zhǐ zhe lǜlǜ de tǔdòu yèzi shuō:

"哥哥， 你看， 我的长得多棒啊！" 小健也说： "西红柿
"Gēge, nǐ kàn, wǒ de zhǎng de duō bàng a!" Xiǎojiàn yě shuō: "Xīhóngshì

也长得一天比一天高。 " 过了几天， 开花了。 小康又说：
yě zhǎng de yì tiān bǐ yì tiān gāo." Guò le jǐ tiān, kāi huā le. Xiǎokāng yòu shuō:

"哥哥， 我的土豆花比你的西红柿花漂亮多了！" 又过
"Gēge, wǒ de tǔdòu huā bǐ nǐ de xīhóngshì huā piàoliang duōle!" Yòu guò

比 bǐ 동 비교하다, 겨루다 | 小健 Xiǎojiàn 고유 샤오지엔 | 小康 Xiǎokāng 고유 샤오캉 | 天天 tiāntiān 명 매일 | 田 tián 명 밭, 경작지 | 菜 cài 명 채소, 야채 | 愿意 yuànyì 동 ~하기를 바라다, 희망하다 | 答应 dāying 동 대답하다, 응답하다 | 力气 lìqi 명 힘 | 西红柿 xīhóngshì 명 토마토 | 土豆 tǔdòu 명 감자 | 浇水 jiāo//shuǐ 동 물을 뿌리다(주다) 浇一下水 | 指 zhǐ 동 가리키다, 지적하다 | 叶子 yèzi 명 잎 | 棒 bàng 형 뛰어나다, 훌륭하다 | 花 huā 명 꽃

了几天， 看到哥哥的田里长出了又大又红的西红柿，
le jǐ tiān, kàndào gēge de tián li zhǎngchū le yòu dà yòu hóng de xīhóngshì,

小康很着急： "为什么我的土豆没长出来？我输了……"
Xiǎokāng hěn zháojí: "Wèi shéme wǒ de tǔdòu méi zhǎng chūlái? Wǒ shū le……"

小健笑了笑， 告诉小康： "你的土豆是长在地下的。 不
Xiǎojiàn xiào le xiào, gàosu Xiǎokāng: "Nǐ de tǔdòu shì zhǎngzài dìxià de. Bú

信的话， 我们一起去挖。 "
xìn de huà, wǒmen yìqǐ qù wā."

他们一挖， 就挖出了大大的土豆。
Tāmen yì wā, jiù wāchū le dàdà de tǔdòu.

"小康， 你的土豆真大呀！比我的西红柿更大！你赢
"Xiǎokāng, nǐ de tǔdòu zhēn dà ya! Bǐ wǒ de xīhóngshì gèng dà! Nǐ yíng

了！ " "土豆是哥哥帮我找到的， 这个最大的给你！ "
le!" "Tǔdòu shì gēge bāng wǒ zhǎodào de, zhè ge zuì dà de gěi nǐ!"

독해2 확인 학습

1. 작물을 심고 내기를 제안한 사람은 누구입니까?
① 小健　　　　② 小康　　　　③ 别人

2. 샤오캉이 심은 작물의 잎은 무슨 색입니까?
① 白色　　　　② 绿色　　　　③ 红色

3. 형제가 심은 작물 중 누구의 작물이 더 큰 열매를 맺었습니까?
① 小健　　　　② 小康　　　　③ 别人

输 shū 동 지다, 패하다 | 地下 dìxià 명 땅밑, 지하 | 信 xìn 동 믿다, 신임하다 | 挖 wā 동 파다, 파내다

03 문법 학습

1. 차등비교구문(2)

'A가 B보다 ~하다'와 같이 정도의 차이를 표현하는 차등비교구문은 'A(비교주체)+比+B(비교기준)+C(비교결과)'와 같은 형식을 사용합니다. A와 B의 차이가 매우 클 때는 비교결과에 정도보어를 사용하여 'V+多了/得多'와 같이 나타내며, '很'이나 '非常' 등의 정도부사는 사용할 수 없습니다.

▶ 今天比昨天冷多了。(*今天比昨天很冷。) 오늘은 어제보다 훨씬 춥다.
   Jīntiān bǐ zuótiān lěng duōle.

▶ 高铁比普通火车快得多。 고속 철도는 일반 기차보다 훨씬 빠르다.
   Gāotiě bǐ pǔtōng huǒchē kuài de duō.

A와 B의 차이가 적을 경우 비교결과에 수량사 '一点儿'이나 '一些'를 사용합니다.

▶ 他比我大一点儿。 그는 나보다 나이가 좀 많다.
   Tā bǐ wǒ dà yìdiǎnr.

▶ 这台电脑比那台贵一些。 이 컴퓨터는 저것보다 좀 비싸다.
   Zhè tái diànnǎo bǐ nà tái guì yìxiē.

A와 B를 비교해 'B가 더 ~하다'라는 의미를 나타내려면 비교결과 앞에 '更'이나 '还'를 쓸 수 있습니다. '更'은 객관적인 정도의 차이를, '还'는 주관적인 느낌이나 과장 등을 나타낼 때 사용합니다.

▶ 我比她更高。 나는 그녀보다 (키가) 더 크다.
   Wǒ bǐ tā gèng gāo.

▶ 今天比昨天还冷。 오늘이 어제보다 더 춥다.
   Jīntiān bǐ zuótiān hái lěng.

▶ 他唱得很好，他的粉丝比他唱得还好。
   Tā chàng de hěn hǎo, tā de fěnsī bǐ tā chàng de hái hǎo.
   그는 노래를 잘 부르는데, 그의 팬들은 그보다 더 잘 부른다.

'A+比+B+C'의 부정은 일반적으로 '没有'를 사용하여 'A+没有+B+C'로 나타내며 'A가 B만큼 ~하지 않다'는 의미를 나타냅니다.

▶ 他没有我高。 그는 나만큼 키가 크지 않다(그는 나보다 키가 작다).
   Tā méiyǒu wǒ gāo.

▶ 今天没有昨天热。 오늘은 어제만큼 덥지 않다(오늘은 어제보다 온도가 낮다).
   Jīntiān méiyǒu zuótiān rè.

또 하나의 부정 형식인 'A+不比+B+C'는 'A와 B가 비슷하다'는 의미로 주로 사용합니다.

▶ 他不比我高。 그가 나보다 (키가) 큰 건 아니다(그는 나와 키가 비슷하다).
　 Tā bù bǐ wǒ gāo.

▶ 今天不比昨天热。 오늘이 어제보다 더운 건 아니다(오늘은 어제와 비슷하게 덥다).
　 Jīntiān bù bǐ zuótiān rè.

2. 접속어 '……的话'

'……的话'는 가정을 나타내는 복문의 선행절에 쓰여 '~라면/한다면'의 의미를 나타내며 입말에 사용합니다. '的话' 단독으로 쓰기도 하고 '如果'나 '要是'와 함께 쓰기도 합니다.

▶ (要是)有时间的话，我就去旅行。 (만약) 시간이 있다면, 나는 여행을 갈 것이다.
　 (Yàoshi) yǒu shíjiān de huà, wǒ jiù qù lǚxíng.

▶ (要是)下雨的话，我就不去野营了。 (만약) 비가 온다면, 나는 캠핑을 안 갈 것이다.
　 (Yàoshi) xià yǔ de huà, wǒ jiù bú qù yěyíng le.

▶ (如果)你去的话，我也去。 (만약) 네가 간다면, 나도 갈 것이다.
　 (Rúguǒ) nǐ qù de huà, wǒ yě qù.

3. 동사화 접미사 '化'

'化'는 일부 명사나 형용사 뒤에 붙어 해당 명사나 형용사를 동사로 쓰이게 하여 어떤 성질이나 상태로 변함을 나타냅니다.

▶ 那座城市变得很现代化了。 그 도시는 현대적으로 변했다.
　 Nà zuò chéngshì biàn de hěn xiàndàihuà le.

▶ 那个房子有点儿老化了。 그 집은 조금 낡았다.
　 Nà ge fángzi yǒudiǎnr lǎohuà le.

04 연습 문제

1. 녹음을 듣고 알맞은 답을 고르세요. 🎧 05-08

(1) 朴智敏决定去哪儿?

❶ 淄博　　　　　　❷ 西安　　　　　　❸ 哈尔滨

(2) 朴智敏订的是哪种火车票?

❶ 动车　　　　　　❷ 高铁　　　　　　❸ 普通火车

2. 녹음을 듣고 질문의 답안과 일치하면 ○, 틀리면 ✕를 표시하세요. 🎧 05-09

(1) 那个房子很现代化了。

(2) 我家的沙发比床更舒服。

(3) 如果有时间的话，我就去旅行。

3. 사진을 보고 상황에 맞게 대화를 완성해 보세요.

(1)

A: 他比你高吗?

B: _____

(2)

A: _____
　　('比' 사용)

B: 他比我大一点儿。

4. 다음 문장을 중국어로 써 보세요.

(1) 오늘은 어제보다 훨씬 춥다.

» _____

(2) 오늘은 어제보다 덥지 않다.

» _____

(3) 그 도시는 현대적으로 변했다.

» _____

(4) 그녀의 여동생은 그녀보다 더 똑똑하다.

» _____

(5) 이 옷이 저 옷 보다 (가격이) 비싼 건 아니다.

» _____

5. 다음 단어 및 구를 어순에 알맞게 배열(첫 단어로 시작)해 보세요.

(1) 一点儿 / 大 / 比 / 我 / 。

» 他 _____

(2) 我 / 有 / 就 / 的话 / 去 / 旅行 / 时间 / ， / 。

» (要是) _____

(3) 多(2회) / 人 / 得 / 平时 / 比 / 期间 / 。

» 劳动节 _____

(4) 岁 / 比 / 他 / 两 / 大 / 。

» 我 _____

(5) 台(2회) / 那 / 贵 / 电脑 / 比 / 一些 / 。

» 这 _____

중국 문화

중국에서 지하철 타기

✦ 중국의 지하철

중국은 1969년 10월 1일 완공되어 개통된 베이징 지하철을 시작으로 北京, 上海, 深圳 Shēnzhèn, 广州 Guǎngzhōu 등 주요 대도시는 물론 지방 도시에도 지하철이 개통되어 시민들의 편리를 돕고 있다. 중국의 지하철 요금은 도시마다 기본요금과 할증 방법에 차이가 있지만, 한국의 지하철 요금에 비해 저렴한 편이다. 중국의 통합 발전 흐름과 도시 팽창 등의 영향으로 지하철 개통 및 확장은 지속될 전망이다.

> ※ 지하철이 개통된 도시(2023년 9월 기준)
> 北京、天津、上海、广州、长春、大连、武汉、重庆、深圳、南京、沈阳、成都、佛山、西安、苏州、昆明、杭州、哈尔滨、郑州、长沙、宁波、无锡、青岛、南昌、福州、东莞、南宁、合肥、石家庄、贵阳、厦门、乌鲁木齐、济南、兰州、常州、徐州、呼和浩特、太原、洛阳、绍兴 / 香港

✦ 중국에서 지하철 이용하기

지하철 이용 시 현금으로 표를 구매할 수도 있지만, 대부분의 중국인은 교통카드 태그나 휴대전화에 미리 설치한 앱의 QR 코드 스캔을 통해 개찰구를 통과한다. 외국인의 경우, 교통카드 발급이 바로 되지 않을 수 있으므로 지하철역에서 현금으로 표를 구매하거나 결제할 수 있는 앱을 미리 설치하면 좀 더 편리하게 대중 교통을 이용할 수 있다.

중국 지하철 이용 시 특이 사항은 모든 승객은 安全检查 ānquán jiǎnchá (줄임말: 安检 ānjiǎn)라고 하는 보안 검색을 통과해야 한다는 점이다. 중국에서는 공항 검색대와 마찬가지로 지하철을 이용하거나 박물관 등에 입장할 때 반드시 安检을 거쳐야 한다.

● 관련 단어 및 표현

단어 및 표현	발음	뜻
地铁路线图	dìtiě lùxiàntú	지하철 노선도
地铁站	dìtiězhàn	지하철역
过安检	guò ānjiǎn	안전 검사를 하다
换乘	huànchéng	환승(하다)
检票处	jiǎnpiàochù	개찰구
首班车 / 末班车	shǒubānchē / mòbānchē	첫차 / 막차

"乘客您好，欢迎乘坐地铁13号线列车，
"Chéngkè nín hǎo, huānyíng chéngzuò dìtiě shísān hào xiàn lièchē,

列车开往望京西站方向，
lièchē kāi wǎng Wàngjīngxī Zhàn fāngxiàng,

终点站是西直门站。"
zhōngdiǎnzhàn shì Xīzhímén Zhàn."

"승객 여러분 안녕하세요. 13호선 열차에 타신 것을 환영합니다.
우리 열차는 望京西站 행이며,
종착역은 西直门站입니다."

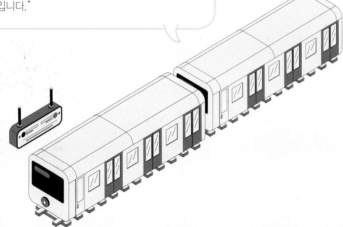

我学了一年的汉语了。

나는 1년 동안 중국어를 배웠어요.

〔학습 목표〕

❶ 동작 완료와 상황의 변화를 동시에 나타내기
❷ 추측의 의미를 표현하기
❸ 사물의 상태나 화자의 심리 상태가 도달한 정도를 표현하기
❹ 어림수 나타내기

문형 ① 我已经订(了)机票了。 나는 이미 비행기표를 예약했다.

06-01 Wǒ yǐjīng dìng (le) jīpiào le.

请 qǐng	假 jià
做 zuò	饭 fàn
买 mǎi	耳机 ěrjī

A 要不要我替你订机票? 내가 네 대신 비행기표 예약할까 말까?
Yào bu yào wǒ tì nǐ dìng jīpiào?

B 我已经订(了)机票了。 나 이미 비행기표를 예약했어.
Wǒ yǐjīng dìng (le) jīpiào le.

문형 ② 我学了一年(的)汉语了。 나는 1년째 중국어를 배우고 있다.

06-02 Wǒ xué le yì nián (de) Hànyǔ le.

请 qǐng	两天 liǎng tiān	假 jià
打 dǎ	一个半小时 yí ge bàn xiǎoshí	电话 diànhuà
坐 zuò	两个小时 liǎng ge xiǎoshí	火车 huǒchē

A 你学了多长时间(的)汉语了? 너 중국어 배운 지 얼마나 됐니?
Nǐ xué le duōcháng shíjiān (de) Hànyǔ le?

B 我学了一年(的)汉语了。 나 1년째 중국어 배우고 있어.
Wǒ xué le yì nián (de) Hànyǔ le.

机票 jīpiào 명 비행기표 | 耳机 ěrjī 명 이어폰, 헤드폰 | 替 tì 동 대신하다 전 ~을(를) 위하여, ~때문에

他最近身体一直不好，你劝他别喝酒了。

06-03

Tā zuìjìn shēntǐ yìzhí bù hǎo, nǐ quàn tā bié hē jiǔ le.

그는 최근 몸이 계속 좋지 않으니, 네가 그에게 술 드시지 말라고 권해드려라.

吸烟 xī yān

发脾气 fā píqi

吃辣的 chī là de

 我爸爸天天喝酒，我很担心。 우리 아빠가 매일 술을 드셔서 나 걱정돼.
Wǒ bàba tiāntiān hē jiǔ, wǒ hěn dān xīn.

他最近身体一直不好，你劝他别喝酒了。
Tā zuìjìn shēntǐ yìzhí bù hǎo, nǐ quàn tā bié hē jiǔ le.
그는 최근에 몸이 계속 좋지 않으니, 네가 그에게 술 드시지 말라고 권해봐. **B**

天气这么暖和，今天不会下雪的。

06-04

Tiānqì zhème nuǎnhuo, jīntiān bú huì xià xuě de.

날씨가 이렇게 따뜻하니, 오늘은 눈이 오지 않을 것이다.

八点出发 Bā diǎn chūfā	她 tā	迟到 chídào
已经这么晚了 Yǐjīng zhème wǎn le	他 tā	来 lái
天气非常好 Tiānqì fēicháng hǎo		下雨 xià yǔ

 你觉得今天会下雪吗？ 네 생각에 오늘 눈이 올 것 같니?
Nǐ juéde jīntiān huì xià xuě ma?

天气这么暖和，今天不会下雪的。 날씨가 이렇게 따뜻하니, 오늘은 눈이 오지 않을 거야. **B**
Tiānqì zhème nuǎnhuo, jīntiān bú huì xià xuě de.

劝 quàn 동 권하다, 충고하다 | 吸烟 xī//yān 동 담배를 피다 吸了一支烟 | 发脾气 fā píqi 화를 내다, 성질을 내다

我心情好得很。 나는 기분이 무척 좋다.

 Wǒ xīnqíng hǎo de hěn.
06-05

他	工作	忙	要命
Tā	gōngzuò	máng	yàomìng

今天	天气	热	不行
Jīntiān	tiānqì	rè	bùxíng

我	爬山	累	慌
Wǒ	pá shān	lèi	huang

Ⓐ 你心情怎么样？ 너 기분이 어때?
Nǐ xīnqíng zěnmeyàng?

我心情好得很。 나 기분이 무척 좋아. Ⓑ
Wǒ xīnqíng hǎo de hěn.

心情 xīnqíng 명 마음 | 要命 yàomìng 형 심하다, 죽을 지경이다 | 不行 bùxíng 형 (정도가) 심하다, 견딜 수 없다 | 慌
huang 형 힘들어 하다, 견디기 어렵다

독해1 🎧 06-06

天气预报说， 梅雨季节马上就要到了， 今年的梅雨
Tiānqì yùbào shuō, méiyǔ jìjié mǎshàng jiù yào dào le, jīnnián de méiyǔ

会持续很长时间， 雨会下两三个星期， 所以让市民提前
huì chíxù hěn cháng shíjiān, yǔ huì xià liǎng sān ge xīngqī, suǒyǐ ràng shìmín tíqián

做好准备。 金允瑞也做了不少准备。
zuòhǎo zhǔnbèi. Jīn Yǔnruì yě zuò le bù shǎo zhǔnbèi.

梅雨季节， 空气潮得不行， 衣服洗了很不容易干，
Méiyǔ jìjié, kōngqì cháo de bùxíng, yīfu xǐ le hěn bù róngyì gān,

所以允瑞先把要洗的衣服都洗了。 然后买了除湿用品，
suǒyǐ Yǔnruì xiān bǎ yào xǐ de yīfu dōu xǐ le. Ránhòu mǎi le chúshī yòngpǐn,

放在衣柜、 鞋柜里， 还放了一些报纸。 她还买了一双
fàngzài yīguì, xiéguì li, hái fàng le yìxiē bàozhǐ. Tā hái mǎi le yì shuāng

梅雨 méiyǔ 몡 장마 | 季节 jìjié 몡 계절, 철 | 持续 chíxù 동 지속하다, 계속 유지하다 | 市民 shìmín 몡 시민 | 提前 tíqián 동 (예정된 기한이나 시간을) 앞당기다 | 空气 kōngqì 몡 공기 | 潮 cháo 형 습하다, 눅눅하다 | 干 gān 형 건조하다, 마르다 | 除湿 chúshī 동 제습하다 | 用品 yòngpǐn 몡 용품 | 衣柜 yīguì 몡 옷장 | 鞋柜 xiéguì 몡 신발장 | 报纸 bàozhǐ 몡 신문, 신문지

雨鞋, 下雨的时候, 穿着雨鞋出门会比较方便。雨鞋是
yǔxié, xià yǔ de shíhou, chuān zhe yǔxié chū mén huì bǐjiào fāngbiàn. Yǔxié shì

在网上买的, 已经买了三天了还没收到。鞋是黄色的,
zài wǎngshàng mǎi de, yǐjīng mǎi le sān tiān le hái méi shōudào. Xié shì huángsè de,

是今年的流行色, 一定会很漂亮。允瑞每天盼着她的
shì jīnnián de liúxíng sè, yídìng huì hěn piàoliang. Yǔnruì měitiān pàn zhe tā de

快递, 她觉得两三天后会送来的。
kuàidì, tā juéde liǎng sān tiān hòu huì sònglái de.

독해 1 확인 학습	1. 장마에 대비하기 위해 김윤서가 구입한 것은 무엇입니까?

          ① 报纸   ② 鞋柜   ③ 除湿用品

2. 김윤서가 산 장화는 무슨 색입니까?

     ① 红色   ② 黄色   ③ 黑色

雨鞋 yǔxié 명 장화 | 穿 chuān 동 입다, 신다 | 网上 wǎngshàng 명 온라인, 인터넷 | 黄色 huángsè 명 노란색 | 流行
色 liúxíng sè 유행하는 색 | 盼 pàn 동 바라다, 보다

🎧 06-07

送给奶奶的礼物

最近我在咖啡厅做兼职, 已经工作了三个月了。 这
Zuìjìn wǒ zài kāfēitīng zuò jiānzhí, yǐjīng gōngzuò le sān ge yuè le. Zhè

个咖啡厅客人非常多, 我每天忙得要命, 回家后累得
ge kāfēitīng kèrén fēicháng duō, wǒ měitiān máng de yàomìng, huí jiā hòu lèi de

不行。 朋友们劝我换一份工作, 但我觉得在咖啡厅工作
bùxíng. Péngyoumen quàn wǒ huàn yí fèn gōngzuò, dàn wǒ juéde zài kāfēitīng gōngzuò

很有意思, 而且咖啡厅就在我家旁边, 上下班方便得很。
hěn yǒu yìsi, érqiě kāfēitīng jiù zài wǒ jiā pángbiān, shàngxià bān fāngbiàn de hěn.

这个月拿到工资后, 我给奶奶买了一件礼物。
Zhè ge yuè nádào gōngzī hòu, wǒ gěi nǎinai mǎi le yí jiàn lǐwù.

奶奶有一个手表, 已经戴了几十年了。 最近手表
Nǎinai yǒu yí ge shǒubiǎo, yǐjīng dài le jǐ shí nián le. Zuìjìn shǒubiǎo

经常坏, 奶奶总是让我帮她拿去修。 我劝奶奶: "奶奶,
jīngcháng huài, nǎinai zǒngshì ràng wǒ bāng tā náqù xiū. Wǒ quàn nǎinai: "Nǎinai,

这个手表不要再戴了, 买个新的吧。 " 奶奶说: "这个
zhè ge shǒubiǎo bú yào zài dài le, mǎi ge xīn de ba." Nǎinai shuō: "Zhè ge

手表是你爷爷送给我的, 都戴了三十几年了, 已经习惯
shǒubiǎo shì nǐ yéye sònggěi wǒ de, dōu dài le sānshí jǐ nián le, yǐjīng xíguàn

了。 "
le."

兼职 jiānzhí 명 아르바이트 | **换** huàn 동 교환하다, 바꾸다 | **份** fèn 양 개, 부 직무, 문서와 관련된 것을 세는 단위 | **工资** gōngzī 명 월급, 임금 | **手表** shǒubiǎo 명 손목시계 | **经常** jīngcháng 부 늘, 항상

今天下班后去了奶奶家，　"奶奶，　您看我给您买了
Jīntiān xià bān hòu qù le nǎinai jiā, 　"Nǎinai, 　nín kàn wǒ gěi nín mǎi le

什么？"　"又买了什么东西？"　"智能手表！可以看时间，
shénme?" 　"Yòu mǎi le shénme dōngxi?" 　"Zhìnéng shǒubiǎo! Kěyǐ kàn shíjiān,

也能接电话，　还可以看天气，　测血压，　可方便了！"
yě néng jiē diànhuà, 　hái kěyǐ kàn tiānqì, 　cè xuèyā, 　kě fāngbiàn le!"

"谢谢！别为我花钱了，用在你自己身上。"　"我已经
"Xièxie! 　Bié wèi wǒ huā qián le, yòngzài nǐ zìjǐ shēnshang." 　"Wǒ yǐjīng

给自己买了很多东西了。爷爷给您的手表就好好儿保管
gěi zìjǐ mǎi le hěn duō dōngxi le. 　Yéye gěi nín de shǒubiǎo jiù hǎohāor bǎoguǎn

起来，　以后戴这个好不好？"　"好！谢谢！"
qǐlái, 　yǐhòu dài zhè ge hǎo bu hǎo?" 　"Hǎo! 　Xièxie!"

从那以后，　奶奶每天研究智能手表的功能，　她喜欢
Cóng nà yǐhòu, 　nǎinai měitiān yánjiū zhìnéng shǒubiǎo de gōngnéng, 　tā xǐhuan

这个礼物，　我也高兴极了！
zhè ge lǐwù, 　wǒ yě gāoxìng jíle!

독해2 확인 학습

1. 나는 어디에서 아르바이트를 합니까?
　① 手表店　　　　② 咖啡厅　　　　③ 面包店

2. 할머니가 착용하고 있는 손목시계는 누가 선물한 것입니까?
　① 她自己买的　　② 我　　　　　　③ 爷爷

3. 스마트워치의 기능이 <u>아닌</u> 것은 무엇입니까?
　① 看天气　　　　② 点咖啡　　　　③ 测血压

测 cè 동 재다, 측정하다 ｜ 血压 xuèyā 명 혈압 ｜ 身上 shēnshang 명 몸 ｜ 保管 bǎoguǎn 동 보관하다 ｜ 研究 yánjiū
명 동 연구(하다) ｜ 功能 gōngnéng 명 기능, 효능

03 문법 학습

1. '了₁', '了₂'의 동시 사용

완료를 나타내는 '了₁'과 변화를 나타내는 '了₂'가 한 문장에 함께 출현하는 경우, 동작의 완료와 상황의 변화를 동시에 나타냅니다.

▶ 我吃(了)饭了。 나는 밥을 먹었다.
　Wǒ chī (le) fàn le.

▶ 我买(了)耳机了。 나는 이어폰을 샀다.
　Wǒ mǎi (le) ěrjī le.

▶ 我换(了)衣服了。 나는 옷을 갈아입었다.
　Wǒ huàn (le) yīfu le.

'了₁' 뒤에 시량보어가 오고 문장 끝에 '了₂'가 사용되면, 동작이 현재 시점까지 지속된 시간을 나타냅니다.

▶ 我等了你两个小时了。 나는 너를 두 시간째 기다리고 있다.
　Wǒ děng le nǐ liǎng ge xiǎoshí le.

▶ 我学了一年汉语了。 나는 1년째 중국어를 배우고 있다.
　Wǒ xué le yì nián Hànyǔ le.

2. '别……了', '不要……了'

'别……了', '不要……了'는 상대방에게 무엇을 요구하거나 시키는 '금지, 권고, 요청'의 상황에서 사용합니다.

▶ 明天你别来了，我去你那儿吧。 내일 너 오지 말아라. 내가 너한테 갈게.
　Míngtiān nǐ bié lái le, wǒ qù nǐ nàr ba.

▶ 别说话了，大家都看书呢。 떠들지 말아라. 다들 책을 읽고 있잖니.
　Bié shuō huà le, dàjiā dōu kàn shū ne.

▶ 你喝多了，别喝了。 너 많이 마셨어, 그만 마셔라.
　Nǐ hēduō le, bié hē le.

▶ 不要睡了，该起床了。 그만 자라, 일어날 때가 되었어.
　Bú yào shuì le, gāi qǐ chuáng le.

3. 조동사 '숲'(2)

'会(huì)'는 '~할 것이다'라는 추측의 의미를 나타내는 조동사로, 부정은 '不会'를 사용합니다. 문장 끝에 '的'를 사용하면 추측의 정도가 강조됩니다.

▶放心吧，我会完成任务的。 걱정하지 마, 나는 임무를 완수할 거야.
　Fàng xīn ba, wǒ huì wánchéng rènwu de.

▶天气这么暖和，不会下雪的。 날씨가 이렇게 따뜻하니, 눈이 오지 않을 거야.
　Tiānqì zhème nuǎnhuo, bú huì xià xuě de.

▶A: 你觉得今天她会来吗？ 네 생각에 오늘 그녀가 올 것 같니?
　　Nǐ juéde jīntiān tā huì lái ma?

　B: 已经这么晚了，她不会来的。 이미 이렇게 늦었는 걸, 그녀는 안 올 거야.
　　Yǐjīng zhème wǎn le, tā bú huì lái de.

4. 정도보어(2) 'S+V+得+C'

'형용사/심리동사+得+很/要命/要死/不得了/不行/慌'은 정도가 매우 심함을 나타내는데, '非常+형용사/심리동사'보다 정도가 더 큰 표현입니다.

▶她们高兴得很。 그녀들은 대단히 기뻐했다.
　Tāmen gāoxìng de hěn.

▶(护照丢了，)他急得不得了。 (여권을 잃어버려서,) 그는 대단히 초조해했다.
　(Hùzhào diū le,) tā jí de bùdéliǎo.

5. 어림수(1) '숫자 나열'

숫자 1~9까지 서로 인접한 두 숫자를 함께 나열하여 어림수를 나타낼 수 있습니다.

▶工作太忙了，三四天没回家。 일이 너무 바빠서 사나흘 집에 못 돌아갔다.
　Gōngzuò tài máng le, sān sì tiān méi huí jiā.

▶每个班都有十八九个学生。(*十八十九) 각 반에는 열여덟아홉 명의 학생이 있다.
　Měi ge bān dōu yǒu shí bā jiǔ ge xuésheng.

放心 fàng//xīn 동 마음을 놓다, 안심하다 放下心 | 完成 wánchéng 동 완성하다, 끝내다 | 要死 yàosǐ 형 죽을 정도이다, 심하다 | 急 jí 형 성급하다 동 초조해하다, 조급하게 굴다 | 不得了 bùdéliǎo 매우, 대단히

04 연습 문제

1. 녹음을 듣고 알맞은 답을 고르세요. 06-08

   (1) 今年的梅雨会持续多长时间?

   ❶ 今年没有梅雨　　❷ 下雨时间很短　　❸ 持续很长时间

   (2) 金允瑞什么时候买的雨鞋?

   ❶ 三个星期前　　❷ 三天前　　❸ 两三天前

2. 녹음을 듣고 질문의 답안과 일치하면 ○, 틀리면 ✕를 표시하세요. 06-09

   (1) 女的已经订了机票了。

   (2) 女的心情不好。

   (3) 我觉得今天她会来的。

3. 사진을 보고 상황에 맞게 대화를 완성해 보세요.

   (1)

   A: 你学了多长时间的汉语了?

   B: _____

   (2)

   A: 你觉得今天会下雨吗?

   B: _____
   ('不会' 사용)

4. 다음 문장을 중국어로 써 보세요.

(1) 네가 그에게 술 마시지 말라고 권해봐.

≫ _____

(2) 나는 1년째 중국어를 배우고 있다.

≫ _____

(3) 네 생각에 오늘 눈이 올 것 같니?

≫ _____

(4) 걱정하지 마, 나는 임무를 완수할 거야.

≫ _____

(5) 일이 너무 바빠서 사나흘 집에 못 돌아갔다.

≫ _____

5. 다음 단어 및 구를 어순에 알맞게 배열(첫 단어로 시작)해 보세요.

(1) 会 / 下雪 / 暖和 / 的 / 这么 / 不 / , / 。

≫ 天气 _____

(2) 了(2회) / 该 / 起床 / 睡 / , / 。

≫ 不要 _____

(3) 了(2회) / 机票 / 已经 / 订 / 。

≫ 我 _____

(4) 得 / 累 / 爬山 / 慌 / 。

≫ 我 _____

(5) 了(2회) / 你 / 两个 / 等 / 小时 / 。

≫ 我 _____

더 알아보아요!

중국 문화

중국의 일기예보와 날씨 관련 표현

✦ 길고도 긴 중국 일기예보

중국 일기예보는 보통 省 단위로 각 지역의 일기를 예보한다. 특이한 점은 중국의 일기예보는 방송 시간이 상당히 길다는 것이다. 한국 뉴스의 일기예보가 3분 안팎인 데 비해 중국 일기예보는 CCTV 기준 보통 5~6분 정도에 달하고 긴 경우는 10분을 훌쩍 넘기기도 한다. 중국 일기예보는 왜 이렇게 긴 걸까? 그 이유는 바로 넓은 면적에 있다. 중국 국내 주요 도시의 날씨만 간단히 예보한다고 해도 도시 수가 워낙 많아서 일기예보 시간도 자연히 길어질 수밖에 없는 것이다. 이 밖에도 해외 주요 도시의 일기예보까지 함께 전하는 경우는 예보시간이 훨씬 더 길어지기도 한다.

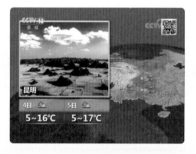

▲ 날씨 관련 단어 및 표현

단어 및 표현	발음	뜻	단어 및 표현	발음	뜻
暴雨	bàoyǔ	폭우, 소나기	沙尘暴	shāchénbào	황사
冰雹	bīngbáo	우박	台风	táifēng	태풍
彩虹	cǎihóng	무지개	雾霾	wùmái	미세먼지, 스모그
打雷	dǎ léi	천둥이 치다	下雪	xià xuě	눈이 내리다
刮风	guā fēng	바람이 불다	下雨	xià yǔ	비가 내리다
晴天	qíngtiān	맑음	阴天	yīntiān	흐림

☁ 일기예보 읽기

北京，晴转中雨, 18 ~ 23 ℃
Běijīng, qíng zhuǎn zhōngyǔ, shíbā dào èrshísān dù
베이징, 맑다가 중급 강우량의 비, 18~23도

哈尔滨，多云, −10 ℃
Hā'ěrbīn, duōyún, língxià shí dù
하얼빈, 구름 많음, 영하 10도

✦ 기상 재해 경보

중국기상국에서는 폭우, 폭설 등의 기상 현상을 4개 등급으로 나누어 재해 경보를 표시한다. 파란색, 황색, 주황색, 적색 순으로 보통부터 매우 심각까지를 의미한다. 폭염은 3등급으로 나누어 재해 경보를 나타내는데, 3일 연속 최고 기온이 35℃ 이상이면 고온 황색 경보, 24시간 내 최고 기온이 37℃ 이상이면 고온 주황색 경보, 24시간 내 최고 기온이 40℃ 이상이면 고온 적색경보가 내려진다.

※ 폭우, 폭설 주의보 예시

暴雨 蓝 RAIN STORM　暴雪 蓝 SNOW STORM
暴雨 黄 RAIN STORM　暴雪 黄 SNOW STORM
暴雨 橙 RAIN STORM　暴雪 橙 SNOW STORM
暴雨 红 RAIN STORM　暴雪 红 SNOW STORM

※ 폭염 주의보 예시

高温黄色预警
gāowēn huángsè yùjǐng
고온 황색 경보

高温橙色预警
gāowēn chéngsè yùjǐng
고온 주황색 경보

高温红色预警
gāowēn hóngsè yùjǐng
고온 적색 경보

上海发布高温红色预警信号
Shànghǎi fābù gāowēn hóngsè yùjǐng xìnhào

제7과

복습

-제1~6과-

단어 · 문장 · 주요 표현

단어 확인 학습

>> 빈칸에 알맞은 단어나 汉语拼音 또는 뜻을 채워 보세요.

제1과

	단어	汉语拼音	뜻
1		lǚyóu	명 동 여행(하다), 관광(하다)
2		chídào	동 지각하다
3		xǔduō	형 대단히 많은
4		bái	부 공연히, 쓸데없이 중첩하여 사용할 수도 있음
5		kāi//xué	동 개학하다, 개강하다
6	因为		접 왜냐하면 (~때문이다)
7	安慰		동 위로하다, 위안하다
8	西班牙		고유 스페인
9	接		동 받다, 가까이 가다
10	保住		동 확보하다, 지켜내다
11	司机	sījī	
12	着急	zháojí	
13	祝贺	zhùhè	
14	度过	dùguò	
15	从前	cóngqián	

제2과

	단어	汉语拼音	뜻
1		zǐxì	형 꼼꼼하다, 자세하다
2		yǎnjìng	명 안경
3		jǐngchá	명 경찰

		lóu	명 (2층 이상의) 건물, 아파트
4		lóu	명 (2층 이상의) 건물, 아파트
5		tōngzhī	명 동 통지(하다)
6	卧室		명 침실
7	颜色		명 색, 색깔
8	故意		부 고의로, 일부러
9	得		동 얻다, 획득하다
10	双		형 두 개의
11	发生	fāshēng	
12	拉	lā	
13	任务	rènwu	
14	挂	guà	
15	钥匙	yàoshi	

제3과

	단어	汉语拼音	뜻
1		bànfǎ	명 방법, 수단
2		zhōngyú	부 마침내, 결국
3		shùnlì	형 순조롭다
4		zhǔyi	명 생각, 의견
5		ànzhào	전 ~에 따라, ~에 근거하여
6	可信		형 믿을만하다
7	汉堡包		명 햄버거
8	讨论		동 토론하다, 논의하다

	단어	汉语拼音	뜻
9	鼓掌		동 박수치다 为他鼓掌
10	该		조동 ~해야 한다
11	于是	yúshì	
12	抱歉	bàoqiàn	
13	急忙	jímáng	
14	相信	xiāngxìn	
15	假	jiǎ	

제4과

	단어	汉语拼音	뜻
1		dǎban	명 동 단장(하다), 치장(하다)
2		chū//chāi	동 출장가다
3		xiànxiàng	명 현상
4		jǐnzhāng	형 긴장하다, 불안하다
5		qǔxiāo	동 취소하다
6	弯		형 구불구불하다, 굽다
7	得		조동 ~해야 한다
8	猜		동 추측하다, 알아맞히다
9	安静		형 조용하다, 고요하다
10	激动		동 흥분하다, 감격하다
11	平安	píng'ān	
12	滑梯	huátī	
13	尾巴	wěiba	

| 14 | 资料 | zīliào | |
| 15 | 雪白 | xuěbái | |

제5과

	단어	汉语拼音	뜻
1		dìng	동 예약하다, 주문하다
2		juédìng	명 동 결정(하다)
3		dāying	동 대답하다, 응답하다
4		lǚxíng	명 동 여행(하다)
5		lìqi	명 힘
6	高铁		명 고속 철도 '高速铁路'의 약칭
7	普通		형 보통이다, 일반적이다
8	输		동 지다, 패하다
9	期间		명 기간
10	大众		명 대중
11	浇水	jiāo//shuǐ	
12	劳动节	Láodòngjié	
13	查	chá	
14	挖	wā	
15	棒	bàng	

제6과

	단어	汉语拼音	뜻
1		chíxù	동 지속하다, 계속 유지하다
2		yánjiū	명 동 연구(하다)
3		fàng//xīn	동 마음을 놓다, 안심하다
4		xī//yān	동 담배를 피다
5		huàn	동 교환하다, 바꾸다
6	保管		동 보관하다
7	要命		형 심하다, 죽을 지경이다
8	耳机		명 이어폰, 헤드폰
9	工资		명 월급, 임금
10	季节		명 계절, 철
11	劝	quàn	
12	发脾气	fā píqi	
13	盼	pàn	
14	要死	yàosǐ	
15	不得了	bùdéliǎo	

문장 확인 학습

» 각 문장의 빈칸에 알맞은 문장이나 汉语拼音 또는 뜻을 채워 보세요.

제1과

문장	汉语拼音	뜻
你的手机是小偷偷走的吗?		
我看来看去还是没看明白。		
你的手机是怎么找到的?		
	Tā yìdiǎnr yě bú xiàng māma.	
	Wǒ zhǎo lái zhǎo qù háishi méi zhǎodào.	
	Wǒ (shì) cóng Shǒu'ěr lái de.	

제2과

문장	汉语拼音	뜻
房间里挂着两张画。		
电脑没开着，关着呢。		
原来这是一张双人床。		
	Wū li pǎo chūlái yí ge rén.	
	Guàibude tā bú zài jiàoshì, yuánlái tā qǐng jià le.	
	Tā hái zhùzài yuánlái de dìfang.	

제3과

문장	汉语拼音	뜻
她喝着茶聊天儿呢。		
回到家后, 她又点了一盘比萨饼。		
我习惯吃完饭再去健身房。		
	Tā shì kāi chē de (rén).	
	Tā de kànfǎ shì bù néng lǐjiě de.	
	Tā shuō zhe shuō zhe yòu shēng qì le.	

제4과

문장	汉语拼音	뜻
整个城市都是雪白雪白的。		
停电了,房间漆黑漆黑的, 什么也看不见。		
去年我得了两次感冒。		
	Wǒ tīng de dǒng lǎoshī de huà.	
	Zhè háizi zhǎng de báibái de.	
	Wǒ xiǎng míngtiān bú huì xià yǔ de.	

제5과

문장	汉语拼音	뜻
高铁比普通火车快得多。		
她很聪明, 她妹妹比她还聪明。		
那个房子有点儿老化了。		
	Tā bù bǐ wǒ gāo.	
	Yàoshi xià yǔ de huà, wǒ jiù bú qù yěyíng le.	
	Pǔ'ěrchá biàn de gèng dàzhònghuà le.	

제6과

문장	汉语拼音	뜻
我坐了两个小时的火车了。		
我心情好得很。		
我已经做了饭了。		
	Nǐ quàn tā bié xī yān le.	
	Hùzhào diū le, tā jí de bùdéliǎo.	
	Měi ge bān dōu yǒu shí bā jiǔ ge xuésheng.	

주요 표현 확인 학습

>> 보기에서 알맞은 단어를 찾아 문장을 완성해 보세요.

제1과

| 보기 | 去　　也　　的　　不是　　匹　　来 |

① 我是和朋友一起来＿＿＿＿＿。　나는 친구와 같이 왔다.

② 她＿＿＿＿＿昨天来的，是前天来的。　그녀는 어제 온 게 아니라, 그저께 왔다.

③ 说来说＿＿＿＿＿，他还是不相信我。　아무리 말해도, 그는 여전히 나를 믿지 않는다.

④ 小狗在草地上跑＿＿＿＿＿跑去。　강아지가 잔디밭에서 이리저리 뛰어 다닌다.

⑤ 爸爸昨天晚上一分钟＿＿＿＿＿没有休息。　아빠는 어젯밤에 조금도 쉬지 않으셨다.

⑥ 这＿＿＿＿＿好马又是怎么来的?　이 좋은 말 한 필은 또 어떻게 온 것입니까?

제2과

| 보기 | 了　　没有　　怪不得　　原来　　着　　在 |

① ＿＿＿＿＿她这么高兴，原来她考试得了满分。

어쩐지 그녀가 저렇게 기뻐한다고 했더니, 알고 보니 그녀는 시험에서 만점을 받았다.

② 桌子上放＿＿＿＿＿一本书。　책상 위에 책 한 권이 놓여 있다.

③ 她还住在＿＿＿＿＿的地方。　그녀는 여전히 원래 장소에 산다.

④ 他＿＿＿＿＿贴一张通知。　그는 안내문을 붙이고 있다.

⑤ 楼里搬走＿＿＿＿＿两家。　건물에서 두 집이 이사 나갔다.

⑥ 商店的门开着＿＿＿＿＿?　가게 문이 열려 있니 안 열려 있니?

제3과

보기
是　还　的　又　着　再

① 她站＿＿＿＿＿打电话呢。　그녀는 서서 전화를 걸고 있다.

② 你怎么＿＿＿＿＿买了一双鞋?　너 왜 신발 한 켤레를 또 샀니?

③ 老师，我听不懂，请您＿＿＿＿＿说一遍。
선생님, 저 못 알아듣겠어요. 다시 한 번 말씀해 주세요.

④ 那台手机＿＿＿＿＿我的(手机)。　저 휴대폰은 내 것이다.

⑤ 你明天＿＿＿＿＿来吗?　너 내일도 오니?

⑥ 她的汉语是不流利＿＿＿＿＿。　그녀의 중국어는 유창하지 않다.

제4과

보기
想　地　得　得(děi)　冰凉冰凉　高高兴兴

① 房间收拾＿＿＿＿＿干干净净的。　방을 아주 깨끗하게 치웠다.

② 她仔仔细细＿＿＿＿＿检查。　그녀는 아주 꼼꼼하게 검사한다.

③ 我＿＿＿＿＿明天不会下雨的。　나는 내일 비가 안 올 거라고 생각한다.

④ 我的两只手一直＿＿＿＿＿的。　내 두 손은 줄곧 얼음장같이 차다.

⑤ 她＿＿＿＿＿地去学校。　그녀는 아주 즐겁게 학교에 간다.

⑥ 今晚出差，我＿＿＿＿＿去北京首都机场。
오늘 저녁에 출장이 있어서, 나는 베이징 서우두 공항에 가야 한다.

보기 | 了　　就　　还　　没有　　不比　　的话

① 昨天天气很冷，今天比昨天 _____ 冷。

어제 날씨가 추웠는데, 오늘이 어제보다 더 춥다.

② 这件衣服 _____ 那件贵。　이 옷은 저 옷만큼 비싸지 않다.

③ 我的汉语 _____ 他好。

내 중국어 실력이 그만큼 좋은 것은 아니다(내 중국어 실력은 그와 비슷하다).

④ 要是喝酒 _____ ，我就不参加聚会了。

만약 술을 마신다면, 나는 모임에 참석하지 않을 것이다.

⑤ 要是再便宜一点儿的话，我 _____ 买那件衣服。

만약 좀 더 싸게 해준다면, 나는 저 옷을 살 것이다.

⑥ 我们小区绿化以后更美 _____ 。　우리 단지는 녹화 이후 더 아름다워졌다.

보기 | 不会　　别　　别　　了　　了　　的

① 你劝他 _____ 发脾气了。　네가 그에게 화내지 말라고 권해라.

② 我打 _____ 一个半小时的电话了。　나는 한 시간 반째 통화하고 있다.

③ 已经这么晚了，她 _____ 来的。　이미 이렇게 늦었으니 그녀는 안 올 것이다.

④ 天气非常好，今天不会下雨 _____ 。　날씨가 무척 좋으니, 오늘 비가 오지 않을 것이다.

⑤ 明天你 _____ 来了，我去你那儿吧。　내일 너 오지 말아라. 내가 너한테 갈게.

⑥ 我等了你两个小时 _____ 。　나는 너를 두 시간째 기다리고 있다.

我去了一趟超市。

나는 슈퍼에 다녀왔어요.

《학습 목표》

❶ 동작의 이동 방식과 이동 방향 동시에 표현하기

❷ 동작의 횟수 표현하기

❸ 상황이나 동작의 전환관계 나타내기

你的大衣找出来了。 네 코트를 찾아냈다.

Nǐ de dàyī zhǎo chūlái le.

08-01

雨伞 yǔsǎn	带回来 dài huílái
行李 xíngli	搬上去 bān shàngqù
包 bāo	掉下来 diào xiàlái

 我的大衣找出来了吗? 내 코트 찾았니?
Wǒ de dàyī zhǎo chūlái le ma?

你的大衣找出来了。 네 코트 찾아냈어. B
Nǐ de dàyī zhǎo chūlái le.

她从外边买回来两杯奶茶。

08-02

Tā cóng wàibian mǎi huílái liǎng bēi nǎichá.
그녀는 밖에서 밀크티 두 잔을 사 왔다.

地上 dì shang	捡起 jiǎnqǐ	一台手机 yì tái shǒujī
书架上 shūjià shang	拿下 náxià	一本书 yì běn shū
桌子上 zhuōzi shang	拿起 náqǐ	一些资料 yìxiē zīliào

 她从外边买回来什么? 그녀는 밖에서 무엇을 사 왔니?
Tā cóng wàibian mǎi huílái shénme?

她从外边买回来两杯奶茶。 그녀는 밖에서 밀크티 두 잔을 사 왔어. B
Tā cóng wàibian mǎi huílái liǎng bēi nǎichá.

奶茶 nǎichá 명 밀크티

문형 3

上海我来过两回。 상하이에 나는 두 번 와봤다.

Shànghǎi wǒ lái guo liǎng huí.

08-03

他的故事	听
Tā de gùshi	tīng
胡安那儿	去
Hú'ān nàr	qù
这本书	看
Zhè běn shū	kàn

A 上海你来过几回? 상하이에 너는 몇 번 와봤니?
Shànghǎi nǐ lái guo jǐ huí?

上海我来过两回。 상하이에 나는 두 번 와봤어. **B**
Shànghǎi wǒ lái guo liǎng huí.

 문형 4

我现在去一趟便利店。 나는 지금 편의점에 다녀오려고 한다.

Wǒ xiànzài qù yí tàng biànlìdiàn.

08-04

一楼的留学生办公室
yī lóu de liúxuéshēng bàngōngshì

超市
chāoshì

洗手间
xǐshǒujiān

 A 你去哪儿? 너 어디 가니?
Nǐ qù nǎr?

我现在去一趟便利店。 나 지금 편의점에 다녀오려고. **B**
Wǒ xiànzài qù yí tàng biànlìdiàn.

故事 gùshi 명 이야기, 스토리 | 趟 tàng 양 차례, 번 왕복의 횟수를 세는 단위 | 洗手间 xǐshǒujiān 명 화장실

문형 5

这条裤子虽然很好看，但是/可是太贵了。

08-05

Zhè tiáo kùzi suīrán hěn hǎokàn, dànshì / kěshì tài guì le.

이 바지는 예쁘기는 하지만, 너무 비싸다.

那家餐厅的菜 Nà jiā cāntīng de cài	不便宜 bù piányi	味道非常不错 wèidao fēicháng búcuò
那台笔记本价格 Nà tái bǐjìběn jiàgé	贵一点儿 guì yìdiǎnr	性能确实很好 xìngnéng quèshí hěn hǎo
我弟弟 Wǒ dìdi	年纪小 niánjì xiǎo	很懂事 hěn dǒngshì

A 这条裤子怎么样? 이 바지 어때?
Zhè tiáo kùzi zěnmeyàng?

B 这条裤子虽然很好看，但是/可是太贵了。 이 바지는 예쁘긴 한데, 너무 비싸.
Zhè tiáo kùzi suīrán hěn hǎokàn, dànshì / kěshì tài guì le.

性能 xìngnéng 몡 성능 | **确实** quèshí 閈 확실히, 정말로 | **懂事** dǒngshì 혱 사리를 분별하다, 철들다

春天过去了，　夏天就要到了，　衣服、被子什么的都
Chūntiān guòqù le,　xiàtiān jiù yào dào le,　yīfu,　bèizi shénmede dōu

要换一换了，　所以今天王明决定，　趁这个机会做个大扫除。
yào huàn yi huàn le,　suǒyǐ jīntiān Wáng Míng juédìng,　chèn zhè ge jīhuì zuò ge dà sǎochú.

他忙了大半天，　现在坐在沙发上休息，　然后把今天做了
Tā máng le dàbàntiān,　xiànzài zuòzài shāfā shang xiūxi,　ránhòu bǎ jīntiān zuò le

的事情和还要做的事情整理了一下。
de shìqing hé hái yào zuò de shìqing zhěnglǐ le yíxià.

做了的事情:
Zuò le de shìqing:

☑ 春天的衣服整理好后，　收起来了。
Chūntiān de yīfu zhěnglǐ hǎo hòu,　shōu qǐlái le.

☑ 夏天的衣服和被子拿出来了。
Xiàtiān de yīfu hé bèizi ná chūlái le.

☑ 书架上的书拿下来后，
Shūjià shang de shū ná xiàlái hòu,

把书架整理了一遍。
bǎ shūjià zhěnglǐ le yí biàn.

☑ 扔了两趟垃圾。
Rēng le liǎng tàng lājī.

要做的事情:
Yào zuò de shìqing:

○ 被子拿去洗衣房。
Bèizi náqù xǐyīfáng.

○ 小狗带出去散步。
Xiǎogǒu dài chūqù sàn bù.

○ 买回来一杯奶茶。
Mǎi huílái yì bēi nǎichá.

夏天 xiàtiān 몡 여름 | 趁 chèn 졘 (때·기회를) 이용해서, 틈타서 | 扫除 sǎochú 몡 동 청소(하다) | 大半天 dàbàntiān 몡 한나절 이상, 한참 동안 | 收 shōu 동 거두어들이다, 거두다 | 扔 rēng 동 던지다, 내버리다 | 垃圾 lājī 몡 쓰레기 | 洗衣房 xǐyīfáng 몡 세탁소, 빨래방

王明想：　"要做的事情还有很多，洗被子，顺便带
Wáng Míng xiǎng: "Yào zuò de shìqing hái yǒu hěn duō, xǐ bèizi, shùnbiàn dài

小狗散步，回来的路上再买一杯奶茶，真是完美的计划！
xiǎogǒu sàn bù, huílái de lù shang zài mǎi yì bēi nǎichá, zhēn shì wánměi de jìhuà!

现在就去！"
Xiànzài jiù qù!"

독해1
확인 학습

1. 곧 무슨 계절이 다가옵니까?

　① 春天　　　　　② 夏天　　　　　③ 秋天

2. 왕밍이 아직 하지 <u>않은</u> 일은 무엇입니까?

　① 扔垃圾　　　　② 买杯奶茶　　　③ 整理书架

顺便 shùnbiàn 부 ~하는 김에 | 完美 wánměi 형 완전하여 결함이 없다, 훌륭하다

张燕的西红柿炒鸡蛋

朋友们，昨天我去了一趟超市，买回来五斤西红柿。
Péngyoumen, zuótiān wǒ qù le yí tàng chāoshì, mǎi huílái wǔ jīn xīhóngshì.

夏天的西红柿最好吃了！而且西红柿做熟以后更有
Xiàtiān de xīhóngshì zuì hǎochī le! Érqiě xīhóngshì zuòshú yǐhòu gèng yǒu

营养，所以今天我教大家做一个简单的中国菜——
yíngyǎng, suǒyǐ jīntiān wǒ jiāo dàjiā zuò yí ge jiǎndān de Zhōngguócài ——

西红柿炒鸡蛋。
xīhóngshìchǎojīdàn.

从冰箱里拿出来五个西红柿和四个鸡蛋。先把
Cóng bīngxiāng li ná chūlái wǔ ge xīhóngshì hé sì ge jīdàn. Xiān bǎ

西红柿洗一洗，洗两遍就可以了。然后在西红柿上面切
xīhóngshì xǐ yi xǐ, xǐ liǎng biàn jiù kěyǐ le. Ránhòu zài xīhóngshì shàngmian qiē

一个十字。锅里倒进一些水，水烧开后，把西红柿都
yí ge shízì. Guō li dàojìn yìxiē shuǐ, shuǐ shāokāi hòu, bǎ xīhóngshì dōu

放进去，三十秒后再把西红柿拿出来，这样皮就很
fàng jìnqù, sānshí miǎo hòu zài bǎ xīhóngshì ná chūlái, zhèyàng pí jiù hěn

容易剥下来了。西红柿都切成小块儿，鸡蛋打散后，
róngyì bāo xiàlái le. Xīhóngshì dōu qiēchéng xiǎo kuàir, jīdàn dǎsǎn hòu,

材料就都准备好了。
cáiliào jiù dōu zhǔnbèihǎo le.

炒 chǎo 동 볶다 | 鸡蛋 jīdàn 명 달걀 | 西红柿炒鸡蛋 xīhóngshìchǎojīdàn 고유 토마토달걀볶음 | 熟 shú 형 (음식이) 익다 입말에서는 shóu로 발음하기도 함 | 简单 jiǎndān 형 간단하다, 단순하다 | 切 qiē 동 자르다, 썰다 | 字 zì 명 글자, 문자 | 锅 guō 명 프라이팬, 냄비 | 倒 dào 동 따르다, 바꾸다 | 烧 shāo 동 가열하다, 끓이다 | 开 kāi 동 (물이) 끓다 | 秒 miǎo 양 초 시간을 세는 단위 | 皮 pí 명 껍질, 가죽 | 剥 bāo 동 (가죽·껍질 등을) 벗기다, 까다 | 成 chéng 동 완성하다, ~가 되다 | 块 kuài 명 덩어리, 조각 | 散 sǎn 동 흩어지다, 분산하다 | 材料 cáiliào 명 재료

现在我们开始做了。 锅里倒进一些油， 油热了
Xiànzài wǒmen kāishǐ zuò le. Guō li dàojìn yìxiē yóu, yóu rè le

以后， 把鸡蛋放进去。 鸡蛋都炒成小块儿， 熟了就盛
yǐhòu, bǎ jīdàn fàng jìnqù. Jīdàn dōu chǎochéng xiǎo kuàir, shú le jiù chéng

出来。 锅里再倒进一些油， 再把西红柿放进去。 大家要
chūlái. Guō li zài dàojìn yìxiē yóu, zài bǎ xīhóngshì fàng jìnqù. Dàjiā yào

注意几点： 第一， 先放一点儿盐。 这样西红柿更容易出
zhùyì jǐ diǎn: Dì yī, xiān fàng yìdiǎnr yán. Zhèyàng xīhóngshì gèng róngyì chū

汤， 就不用加水了。 第二， 最好不要放糖。 虽然味道更
tāng, jiù búyòng jiā shuǐ le. Dì èr, zuìhǎo bú yào fàng táng. Suīrán wèidao gèng

甜， 但是放糖就没营养了。 最近的西红柿不放糖也一样
tián, dànshì fàng táng jiù méi yíngyǎng le. Zuìjìn de xīhóngshì bú fàng táng yě yíyàng

好吃。
hǎochī.

油 yóu 명 기름 | 盛 chéng 동 (용기에) 담다 | 点 diǎn 양 가지 항목·사항을 세는 단위 | 放 fàng 동 (집어) 넣다 | 盐 yán 명 소금 | 汤 tāng 명 탕, 국물 | 加 jiā 동 넣다, 더하다 | 糖 táng 명 설탕

西红柿炒得差不多了， 再把刚才炒好的鸡蛋放进去，
Xīhóngshì chǎo de chàbuduō le, zài bǎ gāngcái chǎohǎo de jīdàn fàng jìnqù,

这样就做好了。从准备到做完花了不到十分钟，非常
zhèyàng jiù zuòhǎo le. Cóng zhǔnbèi dào zuòwán huā le bú dào shí fēnzhōng, fēicháng

容易吧？我先尝尝，太好吃了！上个星期我也做了三次，
róngyì ba? Wǒ xiān chángchang, tài hǎochī le! Shàng ge xīngqī wǒ yě zuò le sān cì,

这道菜怎么吃都吃不腻。你们也试试吧， 如果好吃， 就
zhè dào cài zěnme chī dōu chī bu nì. Nǐmen yě shìshi ba, rúguǒ hǎochī, jiù

给我点个赞吧！
gěi wǒ diǎn ge zàn ba!

독해 2 확인 학습

1. 지금은 무슨 계절입니까?
   ① 春天　　　　② 夏天　　　　③ 秋天

2. 토마토달걀볶음을 만드는 데 필요하지 않은 재료는 무엇입니까?
   ① 西红柿　　　② 一些油　　　③ 一些糖

3. 토마토달걀볶음을 만드는 데 걸리는 시간은 대략 얼마입니까?
   ① 四十分钟　　② 不到十分钟　　③ 十分钟

刚才 gāngcái 명 지금 막, 방금 | **道** dào 양 개 요리를 세는 단위 | **腻** nì 동 싫증나다, 물리다 | **点赞** diǎn//zàn (SNS의 '좋아요' 버튼을) 누르다

03 문법 학습

1. 방향보어(2) tip 방향보어(1) – 제2권 114쪽

'V+C₁ 上/下/进/出/回/过/起 +C₂ 来/去' 구조를 사용하여 동작 발생에 따른 이동 방식과 이동 방향을 동시에 설명하는 성분을 복합방향보어라고 합니다.

▶ 她走进来了。 그녀가 걸어 들어왔다.
  Tā zǒu jìnlái le.

▶ 你的大衣找出来了。 네 코트를 찾아냈다.
  Nǐ de dàyī zhǎo chūlái le.

▶ 他飞回西班牙去了。 그는 비행기로 스페인에 돌아갔다.
  Tā fēi huí Xībānyá qù le.

동사서술어가 목적어를 수반하는 경우에 목적어는 '来, 去'의 앞이나 뒤에 출현할 수 있습니다.

▶ 今晚胡安买回来两杯奶茶。 오늘 저녁 후안은 밀크티 두 잔을 사 왔다.
  Jīn wǎn Hú'ān mǎi huílái liǎng bēi nǎichá.

▶ 今晚胡安买回两杯奶茶来。 오늘 저녁 후안은 밀크티 두 잔을 사 왔다.
  Jīn wǎn Hú'ān mǎi huí liǎng bēi nǎichá lái.

▶ 他从书架上拿下来了一本书。 그는 책장에서 책 한 권을 꺼냈다.
  Tā cóng shūjià shang ná xiàlái le yì běn shū.

목적어가 장소명사이면 목적어는 반드시 '来, 去' 앞에 출현해야 합니다.

▶ 她把车开回家去了。 그녀는 차를 운전해서 집에 돌아갔다.
  Tā bǎ chē kāi huí jiā qù le.

▶ 他跑进宿舍来了。 그는 기숙사로 뛰어 들어왔다.
  Tā pǎo jìn sùshè lái le.

▶ 老师走回教室来了。 선생님은 걸어서 교실로 돌아오셨다.
  Lǎoshī zǒu huí jiàoshì lái le.

2. 동량사 '趙', '回'

동량사는 동작이나 행위의 양을 세는 데 쓰는 단어로, 수사와 결합하여 동사 뒤에서 동량보어로 쓰입니다.

'趟'은 왕복의 횟수를 세는 데 쓰입니다.

▶ 我要去一趟便利店。 나 편의점에 다녀오려고 해.
  Wǒ yào qù yí tàng biànlìdiàn.

▶ 我现在太急了，先去一趟洗手间。 나 지금 너무 급해서, 먼저 화장실에 다녀올게.
  Wǒ xiànzài tài jí le, xiān qù yí tàng xǐshǒujiān.

▶ 图书馆已经关门了，我白跑了一趟。 도서관은 이미 문을 닫아서 나는 헛걸음을 했다.
  Túshūguǎn yǐjīng guān mén le, wǒ bái pǎo le yí tàng.

'回'는 일이나 동작의 횟수를 세는 데 사용합니다.

▶ 那是另一回事。 그건 다른 일이다.
  Nà shì lìng yì huí shì.

▶ 上海我来过两回。 상하이에 나는 두 번 와봤다.
  Shànghǎi wǒ lái guo liǎng huí.

▶ 这回他准备了什么资料呢？ 이번에 그는 어떤 자료를 준비했니?
  Zhè huí tā zhǔnbèi le shénme zīliào ne?

3. '虽然……, 但是/可是 ……'

'虽然……, 但是/可是 ……'는 전환관계를 나타내는 접속어로, '(비록) ~하지만, ~하다'라는 의미를 나타냅니다.

▶ 虽然这条裤子很好看，但是太贵了。 이 바지는 예쁘기는 하지만, 너무 비싸다.
  Suīrán zhè tiáo kùzi hěn hǎokàn, dànshì tài guì le.

▶ 那家餐厅的菜虽然不便宜，可是味道非常不错。
  Nà jiā cāntīng de cài suīrán bù piányi, kěshì wèidao fēicháng búcuò.
  그 레스토랑의 요리는 싸지 않지만, 맛이 아주 좋다.

▶ 那台笔记本价格虽然贵一点儿，可是性能确实很好。
  Nà tái bǐjìběn jiàgé suīrán guì yìdiǎnr, kěshì xìngnéng quèshí hěn hǎo.
  그 노트북은 비록 가격이 좀 비싸지만, 성능은 확실히 좋다.

关门 guān//mén 동 문을 닫다, 폐점하다 关了门

04 연습 문제

1. 녹음을 듣고 알맞은 답을 고르세요. 08-08

   (1) 今天王明决定做什么?

   ❶ 大扫除　　　　　❷ 做中国菜　　　　　❸ 在家休息

   (2) 王明跟谁一起住?

   ❶ 自己住　　　　　❷ 同屋　　　　　❸ 小狗

2. 녹음을 듣고 질문의 답안과 일치하면 ○, 틀리면 ✕를 표시하세요. 08-09

   (1) 她从外边买回来两杯奶茶。

   (2) 这条裤子很好看，价格也不贵。

   (3) 我弟弟年纪小，还不懂事。

3. 사진을 보고 상황에 맞게 대화를 완성해 보세요.

   (1)

   A: _____

   B: 她从书架上拿下来一本书。

   (2)

   A: _____

   B: 上海我来过两回。

4. 다음 문장을 중국어로 써 보세요.

(1) 그는 비행기로 스페인에 돌아갔다.

>> _____

(2) 네 코트 찾아냈어.

>> _____

(3) 그녀는 밖에서 밀크티 두 잔을 사 왔다.

>> _____

(4) 이 바지는 예쁘기는 하지만, 너무 비싸다.

>> _____

(5) 그녀가 걸어 들어왔다.

>> _____

5. 다음 단어 및 구를 어순에 알맞게 배열(첫 단어로 시작)해 보세요.

(1) 掉 / 手机 / 了 / 的 / 来 / 下 / 。

>> 你 _____

(2) 来 / 教室 / 了 / 回 / 走 / 。

>> 老师 _____

(3) 两 / 去 / 回 / 我 / 过 / 。

>> 胡安那儿 _____

(4) 了(2회) / 关门 / 白跑 / 已经 / 我 / 一趟 / , / 。

>> 图书馆 _____

(5) 西红柿 / 五个 / 冰箱 / 拿 / 里 / 出来 / 。

>> 从 _____

중국 문화

중국의 4대 요리

✦ 중국의 다양한 음식 문화

중국은 넓은 땅덩어리와 다양한 기후 조건 덕분에 풍부한 먹거리를 갖추었고 이를 바탕으로 지역마다 독특한 음식 문화를 형성해 왔다. 중국인들은 지역으로 나누어 음식 특징과 선호도를 말하기도 하는데, '남방 음식은 달고, 북방 음식은 짜며(南甜北咸 nán tián běi xián)', '동쪽 음식은 맵고 서쪽 음식은 시큼하다(东辣西酸 dōng là xī suān)' 등이 그 예이다. 이처럼 중국 음식은 각 지역의

먹거리와 조리법에 따라 독특한 특색을 지니는데, 각 지방의 요리 방식 및 맛의 특징 등을 계통으로 나누어 菜系 càixì 라고 한다. 중국 요리의 菜系는 지역을 근거로 四大菜系 sì dà càixì 와 八大菜系 bā dà càixì 로 나뉜다. 八大菜系는 四大菜系를 기본으로 하고 여기에 추가로 네 지역(浙江, 福建, 湖南, 安徽)의 요리를 더한 것이다.

✦ 四大菜系

요리	약칭	대표 지역과 특징
山东菜 Shāndōng cài 산둥요리	鲁菜 Lǔ cài	• 济南 Jǐnán, 胶东 Jiāodōng • 파와 마늘을 많이 사용하며 강한 화력으로 조리한 짠 맛이 특징
四川菜 Sìchuān cài 쓰촨요리	川菜 Chuān cài	• 成都 Chéngdū, 重庆 Chóngqìng • 향신료를 사용하여 매콤하고 얼싸한 맛이 특징
淮扬菜 Huáiyáng cài 화이양요리	苏菜 tip Sū cài	• 江苏 Jiāngsū, 扬州 Yángzhōu 일대 • 해산물을 주재료로 담백하고 달콤한 맛이 특징
广东菜 Guǎngdōng cài 광둥요리	粤菜 Yuè cài	• 广州 Guǎngzhōu, 潮州 Cháozhōu, 东江 Dōngjiāng • 다양한 식재료를 쓰며 신선하고 부드러운 맛이 특징

tip 淮扬菜는 江苏와 扬州 일대 지역의 요리를 지칭하며, 약칭으로 불리기보다는 淮扬菜 혹은 江苏菜로 각각 따로 불리는 경우가 더 많다.

✦ 四大菜系 특징과 대표 요리

– 山东菜 Shāndōng cài 산둥요리

山东의 옛 지명인 '鲁 Lǔ'를 따서 鲁菜라고도 하는 山东菜는 강한 화력을 이용해 튀기거나 볶는 조리 방법을 주로 사용하며 짠 맛이 특징이다. 손질한 잉어를 생선 모양 그대로 튀겨 새콤달콤한 소스를 부어서 먹는 糖醋鲤鱼 táng cù lǐyú 와 돼지 대창을 깨끗이 손질한 후 한 번 삶고 다시 각종 재료와 소스를 부어 볶아 만든 九转大肠 jiǔzhuǎn dàcháng 이 대표적인 요리이다.

– 四川菜 Sìchuān cài 쓰촨요리

川菜는 맵고 얼얼한 맛을 특징으로 한다. 주로 고추와 파 등을 함께 사용하여 알싸하고 강한 향이 나며, 두부와 다진 고기로 만든 麻婆豆腐 má pó dòufu 와 정방형으로 썬 닭고기를 땅콩, 고추와 함께 볶은 宫保鸡丁 gōng bǎo jī dīng 이 유명하다.

- 淮扬菜 Huáiyáng cài 화이양요리

苏菜는 上海, 苏州, 扬州 지역을 중심으로 하며, 풍부한 해산물을 주원료로 하여 지역 특산물인 간장과 설탕을 사용해 조리하는 것이 특징이다. 별다른 양념 없이 게를 쪄서 만든 大闸蟹 dàzháxiè 는 上海 대표 요리로 고소한 맛이 일품이다. 소동파(苏东坡)로도 잘 알려진 북송 문인 소식(苏轼)이 직접 개발한 레시피인 东坡肉 dōngpō ròu 는 삼겹살을 간장에 오랫동안 졸여서 만든 요리로 부드러운 식감이 특징이다.

- 广东菜 Guǎngdōng cài 광둥요리

广东菜는 다양한 식재료를 사용해서 신선하고 담백한 맛을 특징으로 한다. '책상과 비행기를 빼고 무엇이든 다 먹을 수 있다'라는 농담이 있을 만큼 다양한 원료와 조리법이 广东菜의 특징이다. 돼지고기를 튀겨 소스와 함께 볶아 먹는 咕咾肉 gūlǎoròu 와 식사와 식사 사이 차와 함께 간단히 즐기는 음식에서 유래되어 广东菜의 대표 요리가 된 点心 diǎnxīn 이 유명하다.

제9과

我高兴得睡不着觉。

나는 기뻐서 잠을 잘 수 없어요.

看完那部电影，我感动得流下了眼泪。

 09-01
Kànwán nà bù diànyǐng, wǒ gǎndòng de liúxià le yǎnlèi.
그 영화를 다 보고 나서, 나는 감동해서 눈물을 흘렸다.

听到那个消息	她	高兴	手舞足蹈
Tīngdào nà ge xiāoxi	tā	gāoxìng	shǒu wǔ zú dǎo
看到那个情况	他	气	说不出话来
Kàndào nà ge qíngkuàng	tā	qì	shuō bu chū huà lái
今天又出差了	我	忙	连吃饭的时间都没有
Jīntiān yòu chū chāi le	wǒ	máng	lián chī fàn de shíjiān dōu méi yǒu

A 那部电影你觉得怎么样? 그 영화 네 생각엔 어때?
Nà bù diànyǐng nǐ juéde zěnmeyàng?

看完那部电影，我感动得流下了眼泪。 그 영화 다 보고 나서, 나 감동해서 눈물 흘렸어.
Kànwán nà bù diànyǐng, wǒ gǎndòng de liúxià le yǎnlèi. **B**

 他为那件事感到非常生气。 그는 그 일 때문에 매우 화가 났다.

 09-02
Tā wèi nà jiàn shì gǎndào fēicháng shēng qì.

失望 shīwàng

后悔 hòuhuǐ

着急 zháojí

A 他怎么生气了呢? 그는 왜 화가 났니?
Tā zěnme shēng qì le ne?

他为那件事感到非常生气。 그는 그 일 때문에 매우 화가 났어.
Tā wèi nà jiàn shì gǎndào fēicháng shēng qì. **B**

流 liú 동 흐르다 | 眼泪 yǎnlèi 명 눈물 | 消息 xiāoxi 명 소식, 기사 | **手舞足蹈** shǒu wǔ zú dǎo 성어 너무 기뻐서 덩실덩실 춤추다, 기뻐 어쩔 줄 모르다 | **情况** qíngkuàng 명 상황 | **后悔** hòuhuǐ 명 동 후회(하다)

문형 3

根据天气预报，明天要下雨。

Gēnjù tiānqì yùbào, míngtiān yào xià yǔ.

일기예보에 따르면, 내일 비가 올 것이다.

 09-03

我的经验 wǒ de jīngyàn	办那件事需要一个星期 bàn nà jiàn shì xūyào yí ge xīngqī
调查 diàochá	现代的年轻人每天玩儿五六个小时的手机 xiàndài de niánqīngrén měitiān wánr wǔ liù ge xiǎoshí de shǒujī
研究 yánjiū	天天锻炼半个小时对健康很有好处 tiāntiān duànliàn bàn ge xiǎoshí duì jiànkāng hěn yǒu hǎochù

A 根据天气预报，明天要下雨。 일기예보에 따르면, 내일 비가 온대.
Gēnjù tiānqì yùbào, míngtiān yào xià yǔ.

嗯，知道了。 응, 알겠어. **B**
Ňg, zhīdào le.

 문형 4

她喝了一口茶，又继续讲故事。

Tā hē le yì kǒu chá, yòu jìxù jiǎng gùshi.

그녀는 차를 한 모금 마시고, 다시 이야기를 계속했다.

 09-04

尝 cháng	菜 cài	又尝了一口汤 yòu cháng le yì kǒu tāng
吃 chī	苹果 píngguǒ	又喝了一杯奶茶 yòu hē le yì bēi nǎichá
松 sōng	气 qì	然后露出了微笑 ránhòu lùchū le wēixiào

A 她喝了一口茶，然后做了什么？ 그녀는 차를 한 모금 마시고 나서 무엇을 했니?
Tā hē le yì kǒu chá, ránhòu zuò le shénme?

她喝了一口茶，又继续讲故事。 그녀는 차를 한 모금 마시고, 다시 이야기를 계속했어. **B**
Tā hē le yì kǒu chá, yòu jìxù jiǎng gùshi.

根据 gēnjù 전 ~에 따르면, ~에 근거하면 | 经验 jīngyàn 명 동 경험(하다) | 需要 xūyào 명 동 필요(하다), 요구(되다) | 调查 diàochá 명 동 조사(하다) | 好处 hǎochù 명 좋은 점, 이익 | 口 kǒu 양 번, 입, 모금 입에 넣거나 입에서 나오는 동작을 세는 단위 | 继续 jìxù 명 동 계속(하다) | 松气 sōng//qì 동 긴장을 풀다, 한숨(이) 놓이다 松口气 | 露 lù 동 드러나다, 나타나다 | 微笑 wēixiào 명 동 미소(짓다)

因为路上很堵，所以我来晚了。

09-05

Yīnwèi lù shang hěn dǔ, suǒyǐ wǒ láiwǎn le.

길이 막혀서, 나는 늦게 왔다.

我起晚了 wǒ qǐwǎn le	上学迟到了 shàng xué chídào le
我对桃子过敏 wǒ duì táozi guòmǐn	不能吃 bù néng chī
我身体很不舒服 wǒ shēntǐ hěn bù shūfu	不能上班 bù néng shàng bān

A 你为什么来晚了? 너 왜 늦게 왔니?
Nǐ wèi shénme láiwǎn le?

因为路上很堵，所以我来晚了。 길이 막혀서 나 늦게 왔어. **B**
Yīnwèi lù shang hěn dǔ, suǒyǐ wǒ láiwǎn le.

堵 dǔ 통 막다, 막히다 | 上学 shàng//xué 통 등교하다, 학교에 가다 上了几年学 | 桃子 táozi 명 복숭아 | 过敏 guòmǐn
통 ~에 알레르기 반응을 보이다

今天刘老师给我们讲了一个故事，故事是这样的。
Jīntiān Liú lǎoshī gěi wǒmen jiǎng le yí ge gùshi, gùshi shì zhèyàng de.

从前，有一个人非常喜欢龙。他家的门上有龙，窗户上
Cóngqián, yǒu yí ge rén fēicháng xǐhuan lóng. Tā jiā de mén shang yǒu lóng, chuānghu shang

有龙，桌子上画着龙，椅子上画着龙，衣服上也都是龙。
yǒu lóng, zhuōzi shang huà zhe lóng, yǐzi shang huà zhe lóng, yīfu shang yě dōu shì lóng.

他每天对别人说："用这个画着龙的杯子喝一口茶，味道
Tā měitiān duì biéren shuō: "Yòng zhè ge huà zhe lóng de bēizi hē yì kǒu chá, wèidao

好得不得了！" "坐在这个画着龙的椅子上，舒服得一
hǎo de bùdéliǎo!" "Zuòzài zhè ge huà zhe lóng de yǐzi shang, shūfu de yì

整天不想站起来！" 如果别人送他画着龙的东西，他就
zhěngtiān bù xiǎng zhàn qǐlái!" Rúguǒ biéren sòng tā huà zhe lóng de dōngxi, tā jiù

高兴得手舞足蹈。
gāoxìng de shǒu wǔ zú dǎo.

他喜欢龙的消息被天上的真龙知道了，真龙想:
Tā xǐhuan lóng de xiāoxi bèi tiānshàng de zhēn lóng zhīdào le, zhēn lóng xiǎng:

"没想到还有这么喜欢我的人，为这件事我很感动，我
"Méi xiǎngdào hái yǒu zhème xǐhuan wǒ de rén, wèi zhè jiàn shì wǒ hěn gǎndòng, wǒ

得下去看看这个人。" 真龙从天上飞下来，来到了这个
děi xiàqù kànkan zhè ge rén." Zhēn lóng cóng tiānshàng fēi xiàlái, láidào le zhè ge

人家里，叫了一声："喂！……" 这个人惊讶地问："谁
rén jiā li, jiào le yì shēng: "Wèi!……" Zhè ge rén jīngyà de wèn: "shéi

---

整天 zhěngtiān 몡 하루 종일 | 天上 tiānshàng 몡 하늘, 천상 | 喂 wèi 갑 어이, 야, 이봐 편하게 부르는 소리 | 惊讶 jīngyà 혱 놀라다, 의아하다

在叫我？" "我是真龙，因为听说你非常喜欢我，所以
zài jiào wǒ?" "Wǒ shì zhēn lóng, yīnwèi tīngshuō nǐ fēicháng xǐhuan wǒ, suǒyǐ

我来看看你。" 他看了一眼房顶，发现真龙就在上面看
wǒ lái kànkan nǐ." Tā kàn le yì yǎn fángdǐng, fāxiàn zhēn lóng jiù zài shàngmian kàn

着自己，吓得说不出话来，然后大叫一声逃走了。
zhe zìjǐ, xià de shuō bu chū huà lái, ránhòu dà jiào yì shēng táozǒu le.

真龙为这件事感到很失望，也很生气，气得飞回
Zhēn lóng wèi zhè jiàn shì gǎndào hěn shīwàng, yě hěn shēng qì, qì de fēihuí

天上，再也没下来过。
tiānshàng, zài yě méi xiàlái guo.

1. 이야기 속 주인공이 좋아하는 것은 무엇입니까?

　① 故事　　　　　　　② 衣服　　　　　　　③ 龙

2. 이야기 속 주인공은 진짜 용을 만난 후 어떻게 했습니까?

　① 一起喝茶　　　　　② 逃走了　　　　　　③ 讲故事

房顶 fángdǐng 명 천장, 지붕 | 吓 xià 동 놀라다, 무서워하다 | 声 shēng 양 번, 마디 (목)소리를 세는 단위 명 (목)소리

我的偶像

听到余华签名会的消息，我高兴得睡不着觉。
Tīngdào Yú Huá qiānmíng huì de xiāoxi, wǒ gāoxìng de shuì bu zháo jiào.

余华是中国有名的作家，由于一部电影，我喜欢上
Yú Huá shì Zhōngguó yǒumíng de zuòjiā, yóuyú yí bù diànyǐng, wǒ xǐhuan shàng

了他。我刚开始学汉语的时候，汉语老师说看中国电影
le tā. Wǒ gāng kāishǐ xué Hànyǔ de shíhou, Hànyǔ lǎoshī shuō kàn Zhōngguó diànyǐng

能了解中国，还推荐了几部电影。按照老师推荐的电影，
néng liǎojiě Zhōngguó, hái tuījiàn le jǐ bù diànyǐng. Ànzhào lǎoshī tuījiàn de diànyǐng,

我看了《活着》。看这部电影的时候，我伤心得哭了。
wǒ kàn le 《Huó zhe》. Kàn zhè bù diànyǐng de shíhou, wǒ shāngxīn de kū le.

这是我看过的电影中，让我感到最伤心的一部。老师
Zhè shì wǒ kàn guo de diànyǐng zhōng, ràng wǒ gǎndào zuì shāngxīn de yí bù. Lǎoshī

告诉我，这部电影是根据余华的小说拍成的。因为我
gàosu wǒ, zhè bù diànyǐng shì gēnjù Yú Huá de xiǎoshuō pāichéng de. Yīnwèi wǒ

非常喜欢这部电影，所以我又看了书。那时候我决心，
fēicháng xǐhuan zhè bù diànyǐng, suǒyǐ wǒ yòu kàn le shū. Nà shíhou wǒ juéxīn,

为了看懂中文版的《活着》，我一定要努力学习汉语。
wèile kàndǒng Zhōngwén bǎn de 《Huó zhe》, wǒ yídìng yào nǔlì xuéxí Hànyǔ.

慢慢儿地，我能看懂中文小说了，我又看了余华的
Mànmānr de, wǒ néng kàndǒng Zhōngwén xiǎoshuō le, wǒ yòu kàn le Yú Huá de

---

偶像 ǒuxiàng 명 우상 | 余华 Yú Huá 고유 위화, 중국 현대문학 작가 | 签名会 qiānmíng huì 사인회 | 作家 zuòjiā 명 작가 | 由于 yóuyú 전 ~때문에, ~로 인하여 | 刚 gāng 부 지금, 막 | 了解 liǎojiě 동 이해하다 | 推荐 tuījiàn 동 추천하다 | 活着 Huó zhe 余华의 장편소설, 영화 | 哭 kū 동 울다 | 决心 juéxīn 명 동 결심(하다) | 版 bǎn 명 판, 인쇄판

其他小说。 他的小说只要看一眼， 就一定要一口气都
qítā xiǎoshuō.　　Tā de xiǎoshuō zhǐyào kàn yì yǎn,　　jiù yídìng yào yì kǒu qì dōu

看完， 连饭都不想吃。 每次看他的小说， 我都感动得流
kànwán,　　lián fàn dōu bù xiǎng chī. Měicì kàn tā de xiǎoshuō,　　wǒ dōu gǎndòng de liú

下眼泪。 我喜欢余华的小说， 也喜欢余华。 在一次采访
xià yǎnlèi.　　Wǒ xǐhuan Yú Huá de xiǎoshuō,　yě xǐhuan Yú Huá.　　Zài yí cì cǎifǎng

中， 他说： "因为我认识的字不多， 所以后来的评论家们
zhōng, tā shuō:　　"Yīnwèi wǒ rènshi de zì bù duō,　　suǒyǐ hòulái de pínglùnjiāmen

称赞我的语言很简洁。" 听他说话， 我经常笑得肚子疼。
chēngzàn wǒ de yǔyán hěn jiǎnjié."　　Tīng tā shuō huà,　wǒ jīngcháng xiào de dùzi téng.

他真是一个又谦虚又幽默的作家。
Tā zhēn shì yí ge yòu qiānxū yòu yōumò de zuòjiā.

　　　　所以听说有他的签名会， 我激动得睡不着觉。 根据
　　　　Suǒyǐ tīngshuō yǒu tā de qiānmíng huì,　　wǒ jīdòng de shuì bu zháo jiào.　　Gēnjù

签名会的通知， 只有两百个人能参加。 我要早起， 一定
qiānmíng huì de tōngzhī,　　zhǐ yǒu liǎng bǎi ge rén néng cānjiā.　　Wǒ yào zǎo qǐ,　　yídìng

要见到我的偶像， 拿到他的签名！
yào jiàndào wǒ de ǒuxiàng,　　nádào tā de qiānmíng!

독해 2 확인 학습	

1. 나에게 위화 영화를 처음 소개해 준 사람은 누구입니까?
　① 汉语老师　　　　　② 中国朋友　　　　　③ 余华

2. 위화의 소설과 영화《活着》에 대한 나의 감상은 무엇입니까?
　① 激动　　　　　② 没有意思　　　　　③ 伤心

3. 위화 사인회에는 몇 명이 입장할 수 있습니까?
　① 两百个人　　　　　② 两千个人　　　　　③ 不知道

采访 cǎifǎng 동 취재하다, 인터뷰하다 │ 字 zì 명 글자, 문자 │ 评论家 pínglùnjiā 명 평론가, 비평가 │ 称赞 chēngzàn
명 동 칭찬(하다) │ 语言 yǔyán 명 언어 │ 简洁 jiǎnjié 형 간결하다 │ 肚子 dùzi 명 복부, 배 │ 谦虚 qiānxū 형 겸손하다 │
幽默 yōumò 형 유머러스하다

1. 상태보어(2)   tip 상태보어(1) - 제2권 60쪽

동사서술어나 형용사서술어 뒤에 쓰여, 발생한 혹은 발생 중인 동작 및 상태에 대해 평가하거나 묘사하는 성분을 상태보어라고 합니다.

▶ 你做菜做得真好，好吃极了！ 너 요리 정말 잘한다. 너무 맛있다!
   Nǐ zuò cài zuò de zhēn hǎo, hǎochī jíle!

▶ 他汉语说得很流利。 그는 중국어를 유창하게 한다.
   Tā Hànyǔ shuō de hěn liúlì.

▶ 他今天来得不晚。 그는 오늘 늦게 오지 않았다.
   Tā jīntiān lái de bù wǎn.

묘사 의미를 나타내는 상태보어의 서술어는 동사·형용사가 담당하고, 보어는 주로 동사(구)가 담당하지만 때로는 형용사(구), 관용구 등도 상태보어로 사용합니다. 묘사 의미의 상태보어는 주로 긍정형으로만 사용되며, 일반적으로 이에 대응하는 부정 형식이 없습니다.

▶ 我今天忙得连吃饭的时间都没有。 나는 오늘 바빠서 밥 먹을 시간도 없었다.
   Wǒ jīntiān máng de lián chī fàn de shíjiān dōu méi yǒu.

▶ 汤姆讲得大家都笑了。 톰의 이야기에 모두가 웃었다.
   Tāngmǔ jiǎng de dàjiā dōu xiào le.

▶ 听到那个消息，李丽高兴得手舞足蹈。 그 소식을 듣고, 리리는 기뻐서 덩실 덩실 춤을 추었다.
   Tīngdào nà ge xiāoxi, Lǐ Lì gāoxìng de shǒu wǔ zú dǎo.

2. 전치사 '为, 由于, 因为', '按照, 根据'

전치사 '为, 由于, 因为'는 동작의 '원인'을 나타냅니다.

▶ 他为这件事感到非常高兴。 그는 이 일 때문에 매우 기뻤다.
   Tā wèi zhè jiàn shì gǎndào fēicháng gāoxìng.

▶ 由于工作关系，我在美国住了一年。 업무 관계로 나는 미국에 1년간 살았다.
   Yóuyú gōngzuò guānxi, wǒ zài Měiguó zhù le yì nián.

▶ 飞机因为天气延误了。 비행기가 날씨로 인해 연착되었다.
   Fēijī yīnwèi tiānqì yánwù le.

延误 yánwù 동 지연하다, 지체하다

전치사 '按照, 根据'는 동작의 '근거'를 나타냅니다.

▶ 按照学校规定，你必须今年毕业。　학교 규정에 따르면, 너는 반드시 올해 졸업해야 한다.
　Ànzhào xuéxiào guīdìng, nǐ bìxū jīnnián bì yè.

▶ 按照公司的规定，只能这样做。　회사 규정에 따르면, 이렇게 할 수밖에 없다.
　Ànzhào gōngsī de guīdìng, zhǐ néng zhèyàng zuò.

▶ 根据天气预报，明天要下雨。　일기예보에 따르면, 내일 비가 올 것이다.
　Gēnjù tiānqì yùbào, míngtiān yào xià yǔ.

3. 차용동량사 '眼, 口, 脚', '刀'

중국어 동량사에는 인체의 기관·도구를 나타내는 명사를 차용해서 동작의 횟수를 표현하는 '차용동량사'가 있습니다. 일반적으로 숫자 '一'와만 결합해서 사용합니다.

▶ 他看了一眼那件大衣，就决定不买了。　그는 그 코트를 한 번 보고는 사지 않기로 결정했다.
　Tā kàn le yì yǎn nà jiàn dàyī, jiù juédìng bù mǎi le.

▶ 他生气地踢了一脚足球。　그는 화를 내며 축구공을 한 번 걷어찼다.
　Tā shēng qì de tī le yì jiǎo zúqiú.

▶ 铃木切了一刀苹果给我吃。　스즈키는 칼로 사과를 한 번 잘라서 내게 먹으라고 주었다.
　Língmù qiē le yì dāo píngguǒ gěi wǒ chī.

4. '因为……，所以……'

'因为……，所以 ……'는 인과관계를 나타내는 접속어로 '~하기 때문에(원인), 그래서 ~하다(결과)'라는 의미를 나타냅니다.

▶ 因为今天下大雨，所以不想出去玩儿。　오늘 비가 많이 와서, 놀러 나가고 싶지 않다.
　Yīnwèi jīntiān xià dà yǔ, suǒyǐ bù xiǎng chūqù wánr.

▶ 因为我已经吃过饭了，所以不能和你一起吃饭。
　Yīnwèi wǒ yǐjīng chī guo fàn le, suǒyǐ bù néng hé nǐ yìqǐ chī fàn.
　나는 이미 밥을 먹어서, 너와 함께 밥을 먹을 수 없다.

规定 guīdìng 명 동 규칙, 규정(하다) | 必须 bìxū 부 반드시 (~해야 한다), 꼭 (~해야 한다) | 眼 yǎn 양 번, 차례 눈으로 보는 동작을 세는 단위 | 脚 jiǎo 양 번, 차례 발로 차는 동작을 세는 단위 | 刀 dāo 양 번, 차례 칼로 써는 동작을 세는 단위

04 연습 문제

1. 녹음을 듣고 알맞은 답을 고르세요. 09-08

   (1) 谁给我们讲了这个故事?

   ❶ 刘老师　　　　　❷ 真龙　　　　　❸ 画着的龙

   (2) 见到真龙以后，这个人感觉怎么样?

   ❶ 高兴　　　　　❷ 惊讶　　　　　❸ 生气

2. 녹음을 듣고 질문의 답안과 일치하면 ○, 틀리면 ✕를 표시하세요. 09-09

   (1) 因为今天下雨，所以不想出门。

   (2) 他为这件事感到非常高兴。

   (3) 按照天气预报，明天要下雨。

3. 사진을 보고 상황에 맞게 대화를 완성해 보세요.

   (1)

   A: 你怎么了?

   B: _____
   　　('为' 사용)

   (2)

   A: _____
   　　('为什么……?' 사용)

   B: 因为路上很堵，所以我来晚了。

4. 다음 문장을 중국어로 써 보세요.

(1) 그 상황을 보고, 그는 화가 나서 말을 할 수 없었다.

>> _____

(2) 그는 오늘 늦게 오지 않았다.

>> _____

(3) 일기예보에 따르면, 내일 비가 올 것이다.

>> _____

(4) 그는 사과를 한 입 먹고, 또 밀크티를 한 잔 마셨다.

>> _____

(5) 길이 막혀서, 나는 늦게 왔다.

>> _____

5. 다음 단어 및 구를 어순에 알맞게 배열(첫 단어로 시작)해 보세요.

(1) 没有 / 的 / 忙 / 吃饭 / 得 / 时间 / 连 / 都 / 。

>> 我今天 _____

(2) 生气 / 感到 / 为 / 那 / 事 / 很 / 件 / 。

>> 他 _____

(3) 高兴 / 消息 / 得 / 睡不着觉 / 他的 / 我 / , / 。

>> 听到 _____

(4) 大家 / 得 / 笑了 / 讲 / 都 / 。

>> 他 _____

(5) 得 / 激动 / 觉 / 睡 / 着 / 不 / 。

>> 我 _____

중국 문화

중국의 인터넷 소설(网络小说 wǎngluò xiǎoshuō)

✦ 중국 인터넷 소설(网络小说)의 발전과 흥행

인터넷의 발전과 보급은 사람들의 생활 양식뿐만 아니라 문학 작품을 향유하는 방식에도 큰 변화를 불러왔다. 종이로 만든 책을 매개로 하는 전통적인 읽기 방식에서 물리적 제한이 없는 방식으로 문학 작품을 읽는 방식이 변화한 것이다. 특히, 인터넷 공간에서 누구나 언제든지 자유롭게 작품 창작에도 참여할 수 있게 되면서 인터넷상의 문학은 더욱 다채로워졌다. 이처럼 인터넷 공간에서 사용자들이 컴퓨터나

모바일을 통해 작품을 창작 발표하고, 또한 동시에 작품을 감상하며 참여하는 새로운 문학 형식을 인터넷 문학(网络文学 wǎngluò wénxué)이라고 한다.

중국의 인터넷 문학은 소설을 중심으로 발전하고 있으며, 이러한 새로운 형식의 소설을 기존 소설과 구분하여 인터넷 소설이라고 한다. 중국에서는 1997년, 당시 중문과에 재학 중이던 학생이 罗森 Luósēn 이라는 필명으로 타이완교통대학교 전자게시판에 연재한 《风姿物语 Fēngzī wù yǔ》를 최초의 인터넷 소설로 보고 있다.

초창기 인터넷 소설은 별다른 제약 없이 자유롭게 교류할 수 있는 몇몇 사이트에서 연재 형식으로 진행되다가, 2000년대 초 유료 연재 형식이 인기를 끌게 되면서 그 후 본격적으로 거대 자본이 투입된 빅플랫폼을 중심으로 발전했다. 한국의 웹툰, 웹소설과 마찬가지로 중국의 인터넷 소설 역시 도서 출판, 게임, 애니메이션, 영화와 드라마, 게임 산업 등과 연계하여 대중적 인기와 상업적 성공을 이끌고 있다.

✦ 국내에 소개된 중국 인터넷 소설 원작 기반의 드라마

– 《보보경심(步步惊心 Bùbù jīngxīn)》

桐华 Tóng Huá 가 2006년 발표한 인터넷 소설 《步步惊心》은 인 터넷에 연재되자마자 큰 인기를 얻어 그해 베스트셀러에 선정 되었다. 2011년 중국 湖南 위성 TV에서 동명의 드라마로 제작 되어 선풍적인 인기를 끈 《步步惊心》은 25살의 현대 여성이 사 고를 겪으면서 갑자기 300여 년 전 清나라 康熙 Kāngxī 황제 시 기로 돌아가서 겪는 로맨스를 주된 줄거리로 한다. 《步步惊心》 의 인기는 중국에서 지속되어 이후 연극과 전통극으로도 각색 되어 꾸준히 대중의 사랑을 받고 있다.

《步步惊心》은 한국에서 〈달의 여인 보보경심 려〉로 각색되어 드라마로 방영하기도 했으며, 원작 소설 《步步惊心》은 2013년에 국내에 번역되어 소개되었다.

– 《랑야방(琅琊榜 Láng yá bǎng)》

海晏 Hǎiyàn 의 인터넷 소설을 드라마화한 《琅琊榜》 은 누명을 쓰고 억울하게 죽임을 당한 주인공이 다시 살아 돌아와 복수하는 스토리로, 2015년 방영 후 중 국 드라마 평점 사이트에서 9.2점을 기록하며 중국 드라마 평점 1위를 차지했다. 大梁 Dàliáng 이라고 하 는 가상의 나라를 배경으로 펼쳐지는 54부작에 걸친 무협 복수극은 2015년 10월 한국에 수출되어 중화 TV 개국 이래 최고 시청률을 갱신했을 만 큼 한국에서도 많은 이들의 사랑을 받았다.

《琅琊榜》은 2015년 게임화되어 정식 서비스를 시작했고, 2018년에는 웹툰으로 제작되어 연 재되었으며 2019년부터 한국에서도 연재되기 시작했다. 원작 소설인 《琅琊榜》 역시 2016년 에 국내에 번역 출판되었다.

这项运动对保护环境有帮助。

이 운동은 환경 보호에 도움이 돼요.

‹학습 목표›

① 방향보어 起来, 下去, 下来의 파생의미 표현하기

② 동작의 대상 표현하기

③ 어림수 나타내기

01 문형 학습

 문형 ①

最近上海的天气热起来了。

 Zuìjìn Shànghǎi de tiānqì rè qǐlái le.
10-01
요즘 상하이의 날씨가 더워지기 시작했다.

他的病 Tā de bìng	慢慢儿 mànmānr	好 hǎo
房间 Fángjiān	慢慢儿地 mànmānr de	暖和 nuǎnhuo
最近那条街 Zuìjìn nà tiáo jiē		热闹 rènao

Ⓐ **最近上海的天气怎么样?** 요즘 상하이 날씨 어때?
Zuìjìn Shànghǎi de tiānqì zěnmeyàng?

最近上海的天气热起来了。 요즘 상하이의 날씨가 더워지기 시작했어. Ⓑ
Zuìjìn Shànghǎi de tiānqì rè qǐlái le.

 문형 ②

那件事还要继续讨论下去。 그 일은 계속 논의해야 한다.

 Nà jiàn shì hái yào jìxù tǎolùn xiàqù.
10-02

我们 Wǒmen	合作 hézuò
这项工作 Zhè xiàng gōngzuò	干 gàn
我们的传统文化 Wǒmen de chuántǒng wénhuà	传承 chuánchéng

 Ⓐ **那件事还要讨论吗?** 그 일을 계속 논의해야 하니?
Nà jiàn shì hái yào tǎolùn ma?

那件事还要继续讨论下去。 그 일은 계속 논의해야 해. Ⓑ
Nà jiàn shì hái yào jìxù tǎolùn xiàqù.

街 jiē 명 길, 거리 | 热闹 rènao 형 번화하다, 시끌벅적하다 | 合作 hézuò 명 동 협력(하다), 합작(하다) | 项 xiàng 양 가지 항목·사항을 세는 단위 | 传统 chuántǒng 명 전통 | 文化 wénhuà 명 문화 | 传承 chuánchéng 명 동 전승(하다), 계승(하다)

和中国人聊天儿对提高口语水平很有好处。

10-03

Hé Zhōngguórén liáo tiānr duì tígāo kǒuyǔ shuǐpíng hěn yǒu hǎochù.

중국인과 이야기를 나누는 것은 회화 실력 향상에 매우 좋다.

坚持天天跑步 Jiānchí tiāntiān pǎo bù	身体健康 shēntǐ jiànkāng
这种复习方法 Zhè zhǒng fùxí fāngfǎ	提高学习成绩 tígāo xuéxí chéngjì
每天锻炼身体 Měitiān duànliàn shēntǐ	减肥 jiǎnféi

 和中国人聊天儿对提高口语水平有好处吗？
Hé Zhōngguórén liáo tiānr duì tígāo kǒuyǔ shuǐpíng yǒu hǎochù ma?
중국인과 이야기를 나누는 것이 회화 실력 향상에 도움이 되니?

和中国人聊天儿对提高口语水平很有好处。
Hé Zhōngguórén liáo tiānr duì tígāo kǒuyǔ shuǐpíng hěn yǒu hǎochù.
중국인과 이야기를 나누는 것은 회화 실력 향상에 매우 좋아.

我想和你们俩一起去，可以吗?

10-04

Wǒ xiǎng hé nǐmen liǎ yìqǐ qù, kěyǐ ma?

나는 당신 둘과 같이 가고 싶은데, 괜찮나요?

逛街 guàng jiē

旅游 lǚyóu

爬山 pá shān

 我想和你们俩一起去，可以吗? 나는 너희 둘과 같이 가고 싶은데, 괜찮니?
Wǒ xiǎng hé nǐmen liǎ yìqǐ qù, kěyǐ ma?

当然可以，我们也想和你一起去。 당연히 되지, 우리도 너랑 같이 가고 싶어.
Dāngrán kěyǐ, wǒmen yě xiǎng hé nǐ yìqǐ qù.

提高 tígāo 동 향상시키다, 제고하다 | 水平 shuǐpíng 명 수준, 실력 | 坚持 jiānchí 동 견지하다, 지속하다 | 方法 fāngfǎ
명 수단, 방식 | 减肥 jiǎnféi 동 다이어트하다 | 俩 liǎ 수량 두 사람, 두 개 | 逛街 guàng//jiē 동 거리를 구경하며 거닐다, 아
이쇼핑하다 逛逛街

这首歌我听了好几遍了。 이 노래를 나는 여러 번 들었다.

 Zhè shǒu gē wǒ tīng le hǎojǐ biàn le.
10-05

那部电影 Nà bù diànyǐng	看 kàn	次 cì
这辆车 Zhè liàng chē	修 xiū	次 cì
手机 Shǒujī	找 zhǎo	遍 biàn

 这首歌听了几遍了? 이 노래 몇 번 들었니?
Zhè shǒu gē tīng le jǐ biàn le?

这首歌我听了好几遍了。 이 노래를 나는 여러 번 들었어.
Zhè shǒu gē wǒ tīng le hǎojǐ biàn le. **B**

好几 hǎojǐ 仝 여러, 수많은

독해1 🎧 10-06

(홈쇼핑 쇼호스트 멘트)

这几天天气热起来了, 希望观众朋友们多注意身体。
Zhè jǐ tiān tiānqì rè qǐlái le, xīwàng guānzhòng péngyoumen duō zhùyì shēntǐ.

今天我们要给大家推荐的是一款笔记本电脑。这款电脑
Jīntiān wǒmen yào gěi dàjiā tuījiàn de shì yì kuǎn bǐjìběn diànnǎo. Zhè kuǎn diànnǎo

内存非常大, 可以看电影, 可以看视频, 也可以玩儿
nèicún fēicháng dà, kěyǐ kàn diànyǐng, kěyǐ kàn shìpín, yě kěyǐ wánr

游戏。最近线上工作或者学习的机会多起来了, 工作
yóuxì. Zuìjìn xiànshàng gōngzuò huòzhě xuéxí de jīhuì duō qǐlái le, gōngzuò

或者学习, 看大屏幕, 眼睛不会觉得太累。很多朋友对
huòzhě xuéxí, kàn dà píngmù, yǎnjing bú huì juéde tài lèi. Hěn duō péngyou duì

我说, 平板电脑虽然很方便, 但小屏幕对眼睛非常不好。
wǒ shuō, píngbǎn diànnǎo suīrán hěn fāngbiàn, dàn xiǎo píngmù duì yǎnjing fēicháng bù hǎo.

您看, 跟平板电脑这样放在一起, 就能看出来这款电脑
Nín kàn, gēn píngbǎn diànnǎo zhèyàng fàngzài yìqǐ, jiù néng kàn chūlái zhè kuǎn diànnǎo

的屏幕很大吧?
de píngmù hěn dà ba?

除了这些以外, 还有什么其他特点呢? 您听我继续
Chúle zhè xiē yǐwài, hái yǒu shénme qítā tèdiǎn ne? Nín tīng wǒ jìxù

说下去。这个屏幕可以360度翻过来, 还可以用这个写字
shuō xiàqù. Zhè ge píngmù kěyǐ sānbǎi liùshí dù fān guòlái, hái kěyǐ yòng zhè ge xiězì

观众 guānzhòng 명 시청자, 관객 | 款 kuǎn 양 종, 종류 스타일 등을 세는 단위 | 内存 nèicún 명 메모리 | 视频 shìpín
명 동영상 | 线上 xiànshàng 온라인 | 屏幕 píngmù 명 스크린 | 平板 píngbǎn 명 납작하고 평평한 물체 | 平板电脑
píngbǎn diànnǎo 테블릿 PC | 除了 chúle 전 ~을(를) 제외하고, ~이외에 뒤에 以外를 함께 사용할 수도 있음 | 特点 tèdiǎn
명 특징, 특성 | 写字笔 xiězì bǐ (태블릿) PC용 펜슬

笔，非常方便。更重要的是一点儿也不重，对上班族
bǐ, fēicháng fāngbiàn. Gèng zhòngyào de shì yìdiǎnr yě bú zhòng, duì shàngbānzú

或者学生都非常合适。我再跟您说一下价格。8888,
huòzhě xuésheng dōu fēicháng héshì. Wǒ zài gēn nín shuō yíxià jiàgé. Bāqiān bābǎi bāshíbā,

这个价格只有今天一天，数量也不多，现在只有35台、
zhè ge jiàgé zhǐ yǒu jīntiān yì tiān, shùliàng yě bù duō, xiànzài zhǐ yǒu sānshíwǔ tái,

34台、32台了！快拿起您的电话，给我们打电话吧！
sānshísì tái, sānshíèr tái le! Kuài náqǐ nín de diànhuà, gěi wǒmen dǎ diànhuà ba!

독해1
확인 학습

1. 홈쇼핑이 방영된 계절은 언제입니까?

　① 夏天　　　　　　　② 冬天　　　　　　　③ 不知道

2. 쇼호스트의 추천에 따르면, 이 노트북은 누구에게 적합합니까?

　① 快递　　　　　　　② 上班族　　　　　　③ 警察

上班族 shàngbānzú 몡 직장인, 샐러리맨 | **数量** shùliàng 몡 수량, 양

捡跑

"捡跑" 就是一边跑步，一边捡垃圾。 它是从瑞典
"Jiǎn pǎo" jiù shì yìbiān pǎo bù, yìbiān jiǎn lājī. Tā shì cóng Ruìdiǎn

开始的， 被称为 "最酷的运动"。 参加的人， 只需要拿
kāishǐ de, bèi chēngwéi "zuì kù de yùndòng". Cānjiā de rén, zhǐ xūyào ná

一个袋子和一双手套。 这项运动对身体健康很有好处，
yí ge dàizi hé yì shuāng shǒutào. Zhè xiàng yùndòng duì shēntǐ jiànkāng hěn yǒu hǎochù,

对保护环境也很有帮助。 这项运动在中国也流行起来了。
duì bǎohù huánjìng yě hěn yǒu bāngzhù. Zhè xiàng yùndòng zài Zhōngguó yě liúxíng qǐlái le.

汤姆、 胡安等好几个朋友都叫我和他们一起参加，
Tāngmǔ, Hú'ān děng hǎojǐ ge péngyou dōu jiào wǒ hé tāmen yìqǐ cānjiā,

他们说， 运动不太累， 老人、 孩子都能参加进来。 我也
tāmen shuō, yùndòng bú tài lèi, lǎorén, háizi dōu néng cānjiā jìnlái. Wǒ yě

好几次想跟他们一起去， 但上个星期才第一次和他们
hǎojǐ cì xiǎng gēn tāmen yìqǐ qù, dàn shàng ge xīngqī cái dì yī cì hé tāmen

一起去了。 我们是下午五点半开始的， 参加捡跑的人有
yìqǐ qù le. Wǒmen shì xiàwǔ wǔ diǎn bàn kāishǐ de, cānjiā jiǎn pǎo de rén yǒu

二三十岁的年轻人， 也有五六十岁的中年人， 还有好几
èr sān shí suì de niánqīngrén, yě yǒu wǔ liù shí suì de zhōngniánrén, hái yǒu hǎojǐ

个上幼儿园的小孩子。 在公园里走一圈大概五公里， 跑
ge shàng yòu'éryuán de xiǎoháizi. Zài gōngyuán li zǒu yì quān dàgài wǔ gōnglǐ, pǎo

---

捡跑 jiǎn pǎo 플로깅(plogging) ┃ 瑞典 Ruìdiǎn 고유 스웨덴 ┃ 称 chēng 동 부르다, 칭하다 ┃ 为 wéi 동 ~으로 되다, ~이 되다 ┃ 酷 kù 형 쿨(cool)하다, 멋지다 ┃ 袋子 dàizi 명 봉지, 봉투 ┃ 环境 huánjìng 명 환경 ┃ 帮助 bāngzhù 명 도움 동 돕다 ┃ 小孩子 xiǎoháizi 명 어린아이, 꼬마 ┃ 圈 quān 양 바퀴, 번 ┃ 公里 gōnglǐ 양 킬로미터(km)

下来需要一个小时左右。 我已经好几年没运动了， 对
xiàlái xūyào yí ge xiǎoshí zuǒyòu. Wǒ yǐjīng hǎojǐ nián méi yùndòng le, duì

自己没有信心， 不知道这五公里能不能跑下来。 胡安说
zìjǐ méi yǒu xìnxīn, bù zhīdào zhè wǔ gōnglǐ néng bu néng pǎo xiàlái. Hú'ān shuō

慢慢儿跑就行， 不用着急。 我一边跑， 一边捡垃圾， 累了
mànmānr pǎo jiù xíng, búyòng zháojí. Wǒ yìbiān pǎo, yìbiān jiǎn lājī, lèi le

就停下来， 和旁边的人聊聊天， 很有意思， 五公里很快就
jiù tíng xiàlái, hé pángbiān de rén liáoliao tiān, hěn yǒu yìsi, wǔ gōnglǐ hěn kuài jiù

坚持下来了。 公园里的风景非常好， 快结束时还看到了
jiānchí xiàlái le. Gōngyuán li de fēngjǐng fēicháng hǎo, kuài jiéshù shí hái kàndào le

落日。 看着美丽的风景， 觉得和喜欢的人一起做有意义的
luòrì. Kàn zhe měilì de fēngjǐng, juéde hé xǐhuan de rén yìqǐ zuò yǒu yìyì de

事情， 真的很幸福。
shìqing, zhēn de hěn xìngfú.

左右 zuǒyòu 명 좌우, 가량 | 落日 luòrì 명 석양 | 美丽 měilì 형 아름답다 | 意义 yìyì 명 의미, 가치

这项对身体也好，对环境也好的运动，我怎么没早
Zhè xiàng duì shēntǐ yě hǎo, duì huánjìng yě hǎo de yùndòng, wǒ zěnme méi zǎo

点儿开始呢？我打算坚持下去，每个周末都抽出来一些
diǎnr kāishǐ ne? Wǒ dǎsuàn jiānchí xiàqù, měi ge zhōumò dōu chōu chūlái yìxiē

时间，去跑步，去捡垃圾。
shíjiān, qù pǎo bù, qù jiǎn lājī.

독해 2 확인 학습

1. 오늘 나는 몇 번째로 플로깅에 참여했습니까?
   ① 第一次　　　　② 好几次　　　　③ 不知道

2. 플로깅할 때 준비해야 하는 것이 아닌 것은 무엇입니까?
   ① 手套　　　　② 袋子　　　　③ 手机

3. 플로깅의 주요 장점이 아닌 것은 무엇입니까?
   ① 对身体健康很有好处　　② 可以跟旁边的人聊天　　③ 对保护环境很有帮助

抽时间 chōu shíjiān 시간을 내다

03 문법 학습

1. 방향보어(3)   tip 방향보어(1) - 제2권 114쪽, 방향보어(2) - 제3권 124쪽

동사서술어 뒤에서 동작의 이동 방식 및 이동 방향을 설명하는 성분을 방향보어라고 합니다.

▶ **请站起来一下。** 잠시 일어서 주십시오.
   Qǐng zhàn qǐlái yíxià.

▶ **弟弟从楼上走下来了。** 남동생이 위층에서 걸어 내려왔다.
   Dìdi cóng lóushàng zǒu xiàlái le.

▶ **老师下楼去了。** 선생님은 아래층으로 내려가셨다.
   Lǎoshī xià lóu qù le.

방향보어는 기본의미 외에 본래 의미에서 벗어난 파생 의미도 나타냅니다. '起来'는 '상태의 출현', '결과가 생김', '가설'의 의미를 나타냅니다.

▶ **天气热起来了。** 날씨가 더워지기 시작했다.
   Tiānqì rè qǐlái le.

▶ **他的中文名字我想起来了。** 그의 중국어 이름이 생각났다.
   Tā de Zhōngwén míngzi wǒ xiǎng qǐlái le.

▶ **这水果看起来不怎么样，可是吃起来很甜。** 이 과일은 보기에는 별로지만, 먹어보면 달다.
   Zhè shuǐguǒ kàn qǐlái bù zěnmeyàng, kěshì chī qǐlái hěn tián.

'下去'는 '동작 및 상태의 진행, 발전'의 의미를 나타냅니다.

▶ **我们一定要坚持下去。** 우리는 반드시 버려 나가야 한다.
   Wǒmen yídìng yào jiānchí xiàqù.

▶ **请你继续说下去。** 계속해서 말씀해 주십시오.
   Qǐng nǐ jìxù shuō xiàqù.

▶ **她病了，一天天瘦下去了。** 그녀는 병이 나서 날마다 야위어 갔다.
   Tā bìng le, yì tiān tiān shòu xiàqù le.

怎么 zěnme 대 그다지, 별로 | **瘦** shòu 형 마르다, 여위다

'下来'는 '동작 및 상태의 지속', '분리 및 이탈'의 의미를 나타냅니다.

▶ 这两个月每天游一个小时的泳，我都坚持下来了。
Zhè liǎng ge yuè měitiān yóu yí ge xiǎoshí de yǒng, wǒ dōu jiānchí xiàlái le.
이 두 달 동안 매일 한 시간씩 수영했는데, 나는 다 버려냈다.

▶ 老师一进来，教室突然就安静下来了。 선생님이 들어오시자, 교실이 갑자기 조용해졌다.
Lǎoshī yí jìnlái, jiàoshì tūrán jiù ānjìng xiàlái le.

▶ 她把帽子摘下来了。 그녀는 모자를 벗었다.
Tā bǎ màozi zhāi xiàlái le.

2. 전치사 '跟, 和, 给, 对'

전치사 '跟, 和, 给, 对'는 동작의 '대상'을 나타냅니다.

▶ 我今天要跟她一起吃饭。 나는 오늘 그녀와 함께 밥을 먹을 것이다.
Wǒ jīntiān yào gēn tā yìqǐ chī fàn.

▶ 我觉得应该先跟她商量一下。 나는 마땅히 그녀와 먼저 상의해야 한다고 생각한다.
Wǒ juéde yīnggāi xiān gēn tā shāngliang yíxià.

▶ 我想和你们俩一起去，可以吗？ 나는 당신 둘과 같이 가고 싶은데, 괜찮나요?
Wǒ xiǎng hé nǐmen liǎ yìqǐ qù, kěyǐ ma?

▶ 我不想和你说话。 나는 너와 말하고 싶지 않다.
Wǒ bù xiǎng hé nǐ shuō huà.

▶ 我想给他买一本书。 나는 그에게 책 한 권을 사주고 싶다.
Wǒ xiǎng gěi tā mǎi yì běn shū.

▶ 我又给你添麻烦了。 내가 또 너를 귀찮게 했다.
Wǒ yòu gěi nǐ tiān máfan le.

▶ 李丽对每个人都很热情。 리리는 모두에게 친절하다.
Lǐ Lì duì měi ge rén dōu hěn rèqíng.

▶ 他对这儿的生活不太习惯。 그는 이곳 생활에 그다지 익숙하지 않다.
Tā duì zhèr de shēnghuó bú tài xíguàn.

摘 zhāi 동 벗다, 떼다 | 应该 yīnggāi 조동 마땅히 ~해야 한다 | 商量 shāngliang 동 상의하다, 의논하다 | 添 tiān 동 더하다 | 麻烦 máfan 형 귀찮다, 번거롭다 동 귀찮게 하다, 폐를 끼치다 | 热情 rèqíng 형 열정적이다, 친절하다

3. 어림수(2) '好几'

'好几'는 시간명사나 양사 앞에서 수량이 많다는 의미를 나타냅니다.

▶ 手机我都找了好几遍了，找了半天也没找到。
　 Shǒujī wǒ dōu zhǎo le hǎojǐ biàn le, zhǎo le bàntiān yě méi zhǎodào.
　 휴대폰을 내가 여러 번 찾았는데, 한참 동안 찾아도 찾지 못했다.

▶ 这台手机我妈妈已经用了好几年了。
　 Zhè tái shǒujī wǒ māma yǐjīng yòng le hǎojǐ nián le.
　 이 휴대폰을 우리 엄마는 이미 몇 년 동안 사용했다.

▶ 他的听力越来越好，以前听了好几遍也听不懂的，现在都能听懂了。
　 Tā de tīnglì yuè lái yuè hǎo, yǐqián tīng le hǎojǐ biàn yě tīng bu dǒng de,
　 xiànzài dōu néng tīngdǒng le.
　 그의 듣기 능력은 나날이 좋아져서 예전에는 여러 번 들어도 알아듣지 못하던 것을
　 이제는 다 알아들을 수 있게 되었다.

04 연습 문제

1. 녹음을 듣고 알맞은 답을 고르세요. 10-08

   (1) 哪些不是这款笔记本电脑的特点?

   ❶ 内存大　　　　　　❷ 屏幕大　　　　　　❸ 重量大

   (2) 这款笔记本电脑的价格是多少?

   ❶ 8000元　　　　　　❷ 8888元　　　　　　❸ 8880元

2. 녹음을 듣고 질문의 답안과 일치하면 ○, 틀리면 ✕를 표시하세요. 10-09

   (1) 那件事还要继续讨论下去。

   (2) 这首歌我都听了两遍了。

   (3) 我们不想跟你一起去。

3. 사진을 보고 상황에 맞게 대화를 완성해 보세요.

   (1)

   A: 手机找了几遍了?

   B: _____
   ('好几' 사용)

   (2)

   A: 和中国人聊天儿对提高
   口语水平有好处吗?

   B: _____

4. 다음 문장을 중국어로 써 보세요.

   (1) 그는 이곳 생활에 그다지 익숙하지 않다.

   》 _____

   (2) 그의 중국어 이름이 생각났다.

   》 _____

   (3) 잠시 일어서 주십시오.

   》 _____

   (4) 방이 천천히 따뜻해지기 시작했다.

   》 _____

   (5) 나는 그에게 책 한 권을 사주고 싶다.

   》 _____

5. 다음 단어 및 구를 어순에 알맞게 배열(첫 단어로 시작)해 보세요.

   (1) 从 / 走 / 楼上 / 下来 / 了 / 。

   》弟弟 _____

   (2) 先 / 商量 / 跟 / 一下 / 她 / 应该 / 。

   》我觉得 _____

   (3) 运动 / 年 / 了 / 好几 / 没 / 已经 / 。

   》我 _____

   (4) 热 / 了 / 起来 / 天气 / 。

   》最近 _____

   (5) 给 / 麻烦 / 了 / 你 / 又 / 添 / 。

   》我 _____

중국 문화

환경 보호를 위한 작은 실천

전 세계적 화두인 환경 보호를 중국어로는 环境保护 huánjìng bǎohù 라고 하고, 이를 줄여서 环保 huánbǎo 라고 한다. 급속한 경제 성장으로 인해 생태 환경이 파괴되고, 이는 더 나아가 미래 사회에 위협이 됨에 따라 중국도 지속 가능한 성장을 위해 적극적으로 환경 보호 정책을 펼치고 있다.

✦ 식량 위기 극복과 음식 잔반을 줄이기 위한 光盘行动 guāng pán xíngdòng

음식 문화가 발달한 중국에서는 음식 주문도 넉넉하게 하는 것이 보편적인 정서이다. 손님을 접대하는 자리에서는 말할 것도 없고, 일반적인 식사에서도 넉넉하고 푸짐하게 한 끼를 해야 제대로 잘 먹었다고 생각하는 경향이 짙다. 하지만 최근 식량 위기가 대두되고 환경 보호의 중요성이 강조되면서 음식을 남기지 않는 光盘行动이 보편화되고 있다. 먹을 만큼만 덜어서 음식을 남기지 않는다는 光盘行动은 다양한 포스터로 제작되어 학생 식당은 물론 일반 식당에서도 대대적으로 홍보하고 실천을 독려하는 내표적인 환경 보호 운동이라 할 수 있다.

tip 今天不剩饭，从我做起！
Jīntiān bú shèng fàn, cóng wǒ zuò qǐ!
오늘은 잔반 제로, 나부터 시작!

✦ 쓰레기 분리수거(垃圾分类 lājī fēnlèi)

인구가 많은 만큼 쓰레기 배출도 많을 수밖에 없는 중국은 2019년 上海를 시작으로 강제 분리수거를 시행하고 있다. 쓰레기를 총 4가지 기준으로 분류하여 처리하도록 하고, 곳곳에 분리 배출 전용 쓰레기통을 설치했으며, 재활용 쓰레기를 버리면 위챗 페이를 통해 현금으로 돌려주는 제도도 시행하고 있다.

可回收物 Recyclable	可回收物 kě huíshōu wù 휴지, 플라스틱, 직물류 등 재활용이 가능한 쓰레기	厨余垃圾 Food Waste	厨余垃圾 chúyú lājī 야채, 과일 껍질, 잔반 등 음식물 쓰레기
有害垃圾 Hazardous Waste	有害垃圾 yǒu hài lājī 건전지, 형광등, 약품류 등 분리 배출이 필요한 쓰레기	其他垃圾 Other waste	其他垃圾 qítā lājī 기타 쓰레기

✦ 환경을 생각하는 전기자동차

전기자동차는 중국어로는 纯电动汽车 chún diàndòng qìchē 라고 하고, 보통은 电动汽车라고 한다. 중국 정부는 미세먼지와 대기 오염 문제 경감 등을 이유로 2008년부터 정부 주도로 전기차 산업 육성을 전폭적으로 추진해 왔다. 구체적으로, 국립공원에서 전기자동차 사용을 의무화하고 정부 산하 기관의 관용 차량은 친환경 차를 우선적으로 사용하도록 규정하고 있다. 또한 전기자동차 구입 시 보조금 및 면세 혜택 등을 제공하여 전기자동차의 사용을 적극 독려하고 있다.

✦ 환경을 생각하는 택배 상자

중국 전자상거래 시장의 성장이 가져온 부작용 중 하나는 엄청난 택배 상자와 비닐 포장이라 할 수 있다. 택배 포장으로 인한 환경 오염 문제를 해결하기 위해 중국의 일부 대형 유통 업체에서는 재활용이 가능한 택배 상자인 绿盒子 lǜ hézi 를 도입했다. 绿盒子는 택배 배달 후 회수하여 세척 및 소독을 거쳐 다시 사용하는 제도로 소비자가 재활용 박스를 선택할 경우 포인트를 지급하여 현금처럼 사용할 수 있도록 하고 있다.

没有几个人知道
这个方法。

이 방법을 아는 사람은 몇 명 없어요.

〔학습 목표〕

❶ '비사역 의미'의 겸어문 표현하기

❷ 접속어로 두 절 간의 점층관계 나타내기

他 请 我 介绍 情况。 그는 내게 상황을 소개해 달라고 부탁했다.
 Tā qǐng wǒ jièshào qíngkuàng.
11-01

她 Tā	请 qǐng	来她家吃饭 lái tā jiā chī fàn
老师 Lǎoshī	叫 jiào	回答问题 huídá wèntí
妈妈 Māma	让 ràng	去超市买东西 qù chāoshì mǎi dōngxi

A 他请你做什么? 그가 너에게 무엇을 부탁했니?
Tā qǐng nǐ zuò shénme?

他请我介绍情况。 그는 내게 상황을 소개해 달라고 부탁했어. B
Tā qǐng wǒ jièshào qíngkuàng.

 我们 选 他 当 代表。 우리는 그를 대표로 뽑았다.
 Wǒmen xuǎn tā dāng dàibiǎo.
11-02

选 xuǎn	当班长 dāng bānzhǎng
称 chēng	为英雄 wéi yīngxióng
认 rèn	做老师 zuò lǎoshī

A 你们选他当什么? 너희들은 그를 무엇으로 뽑았니?
Nǐmen xuǎn tā dāng shénme?

我们选他当代表。 우리는 그를 대표로 뽑았어. B
Wǒmen xuǎn tā dāng dàibiǎo.

选 xuǎn 동 고르다, 선택하다 | **当** dāng 동 담당하다, ~이 되다 | **代表** dàibiǎo 명 동 대표(하다) | **班长** bānzhǎng 명 반장 | **英雄** yīngxióng 명 영웅 | **认** rèn 동 인정하다, 간주하다, 식별하다

文형 ③

听说他有一个朋友上北京大学。

 11-03

Tīngshuō tā yǒu yí ge péngyou shàng Běijīng Dàxué.

듣자 하니 그는 베이징대학에 다니는 친구가 한 명 있다고 한다.

一个朋友是钢琴家 yí ge péngyou shì gāngqínjiā

一个同事非常热情 yí ge tóngshì fēicháng rèqíng

一个孩子很可爱 yí ge háizi hěn kě'ài

 A 听说他有一个朋友上北京大学。
Tīngshuō tā yǒu yí ge péngyou shàng Běijīng Dàxué.
듣자 하니 그는 베이징대학에 다니는 친구가 한 명 있다고 하더라.

这我也听说了。 그거 나도 들었어. **B**
Zhè wǒ yě tīngshuō le.

 文형 ④

我们这儿没有人姓金。 (우리) 여기에는 김씨 성을 가진 사람이 없다.

 11-04

Wǒmen zhèr méi yǒu rén xìng Jīn.

我们这儿 Wǒmen zhèr	知道他是谁 zhīdào tā shì shéi
我们班 Wǒmen bān	懂西班牙语 dǒng Xībānyáyǔ
我们班 Wǒmen bān	不喜欢他 bù xǐhuan tā

 A 你们这儿有没有人姓金? 너희 여기에 김씨 성을 가진 사람이 있니 없니?
Nǐmen zhèr yǒu méi yǒu rén xìng Jīn?

我们这儿没有人姓金。 우리 여기에는 김씨 성을 가진 사람이 없어. **B**
Wǒmen zhèr méi yǒu rén xìng Jīn.

钢琴家 gāngqínjiā 명 피아니스트 | 同事 tóngshì 명 직장 동료, 동업자 | 西班牙语 Xībānyáyǔ 고유 스페인어

문형 5 汉语不但容易，而且很有意思。

11-05

Hànyǔ búdàn róngyì, érqiě hěn yǒu yìsi.

중국어는 쉬울 뿐만 아니라, 재미도 있다.

我 Wǒ	会说汉语 huì shuō Hànyǔ	会说英语 huì shuō Yīngyǔ
这种产品 Zhè zhǒng chǎnpǐn	质量好 zhìliàng hǎo	价格便宜 jiàgé piányi
这双鞋 Zhè shuāng xié	款式漂亮 kuǎnshì piàoliang	很舒服 hěn shūfu

A 汉语难不难？ 중국어는 어렵니 안 어렵니?
Hànyǔ nán bu nán?

B 汉语不但容易，而且很有意思。 중국어는 쉬울 뿐만 아니라, 재미도 있어.
Hànyǔ búdàn róngyì, érqiě hěn yǒu yìsi.

不但 búdàn 접 ~뿐만 아니라 | **而且** érqiě 접 게다가, 또한 | **产品** chǎnpǐn 명 생산품, 제품 | **质量** zhìliàng 명 품질, 질 |
款式 kuǎnshì 명 스타일, 디자인

독해1 🎧 11-06

以前， 森林里有一只老虎很凶猛， 动物们都怕它，
Yǐqián, sēnlín li yǒu yì zhī lǎohǔ hěn xiōngměng, dòngwùmen dōu pà tā,

称它为大王。森林里还有一只狐狸很聪明。 有一天， 老虎
chēng tā wéi dàwáng. Sēnlín li hái yǒu yì zhī húli hěn cōngmíng. Yǒu yì tiān, lǎohǔ

在森林里散步， 路上碰到了这只狐狸， 一下子就抓住了
zài sēnlín li sàn bù, lù shang pèngdào le zhè zhī húli, yíxiàzi jiù zhuāzhù le

它。狐狸看到自己没办法逃跑， 就想了一个办法。它对
tā. Húli kàndào zìjǐ méi bànfǎ táopǎo, jiù xiǎng le yí ge bànfǎ. Tā duì

老虎说： "你不能吃掉我！天帝选我当大王， 你吃了我，
lǎohǔ shuō: "Nǐ bù néng chīdiào wǒ! Tiāndì xuǎn wǒ dāng dàwáng, nǐ chī le wǒ,

天帝会生气的。你要是不信， 就让我带你在森林里走一
tiāndì huì shēng qì de. Nǐ yàoshi bú xìn, jiù ràng wǒ dài nǐ zài sēnlín li zǒu yì

圈， 看看动物们是不是见到我就逃跑。" 老虎说： "我
quān, kànkan dòngwùmen shì bu shì jiàndào wǒ jiù táopǎo." Lǎohǔ shuō: "Wǒ

不信！大家都认我做大王， 怎么可能是你？如果没有人怕
bú xìn! Dàjiā dōu rèn wǒ zuò dàwáng, zěnme kěnéng shì nǐ? Rúguǒ méi yǒu rén pà

你， 我就吃掉你！" 说完， 就让狐狸走在前面， 自己跟在
nǐ, wǒ jiù chīdiào nǐ!" shuōwán, jiù ràng húli zǒuzài qiánmian, zìjǐ gēnzài

后面。
hòumian.

森林 sēnlín 명 숲, 삼림 | **老虎** lǎohǔ 명 호랑이 | **凶猛** xiōngměng 형 사납다, 흉맹하다 | **怕** pà 동 무서워하다, 근심하다 | **大王** dàwáng 명 대왕, 군주 | **狐狸** húli 명 여우 | **碰** pèng 동 부딪치다, 마주치다 | **一下(子)** yíxià(zi) 부 단시간에, 갑자기 | **天帝** tiāndì 명 하느님, 옥황상제

森林里的动物们看到凶猛的老虎跟在狐狸的后面，
Sēnlín li de dòngwùmen kàndào xiōngměng de lǎohǔ gēnzài húli de hòumian,

都马上逃跑了。 老虎看到动物们逃跑了， 以为狐狸真的
dōu mǎshàng táopǎo le.　Lǎohǔ kàndào dòngwùmen táopǎo le,　yǐwéi húli zhēn de

是大王， 怕天帝生气， 所以也马上逃跑了。
shì dàwáng,　pà tiāndì shēng qì,　suǒyǐ yě mǎshàng táopǎo le.

독해1
확인 학습

1. 호랑이는 어디에서 무엇을 하다가 여우를 만났습니까?
　① 在森林里跟动物们开会　② 在路上睡觉　③ 在森林里散步

2. 숲속 동물들이 실제로 무서워한 것은 무엇입니까?
　① 狐狸　② 老虎　③ 天帝

五色食物

铃木园子给大家介绍了一个保持健康的方法——
Língmù Yuánzǐ gěi dàjiā jièshào le yí ge bǎochí jiànkāng de fāngfǎ ——

"五色食物法"，班里没有几个人知道这个方法。她说
"wǔsè shíwù fǎ", bān li méi yǒu jǐ ge rén zhīdào zhè ge fāngfǎ. Tā shuō

食物的颜色有很多种，我们不但熟悉，而且吃的最多的
shíwù de yánsè yǒu hěn duō zhǒng, wǒmen búdàn shúxī, érqiě chī de zuì duō de

是绿色食物、红色食物、黄色食物、白色食物和黑色
shì lùsè shíwù, hóngsè shíwù, huángsè shíwù, báisè shíwù hé hēisè

食物，我们称它们为"五色食物"。不一样的颜色含有
shíwù, wǒmen chēng tāmen wéi "wǔsè shíwù". Bù yíyàng de yánsè hányǒu

不一样的营养。
bù yíyàng de yíngyǎng.

绿色食物含有很多维生素。生活中有很多食物都是
Lùsè shíwù hányǒu hěn duō wéishēngsù. Shēnghuó zhōng yǒu hěn duō shíwù dōu shì

绿色的，我们吃的最多的也是它。人们称绿色食物为
lùsè de, wǒmen chī de zuì duō de yě shì tā. Rénmen chēng lùsè shíwù wéi

"消化剂"，多吃绿色食物不但可以补充更多的营养，
"xiāohuàjì", duō chī lùsè shíwù búdàn kěyǐ bǔchōng gèng duō de yíngyǎng,

而且可以帮助消化。
érqiě kěyǐ bāngzhù xiāohuà.

五色 wǔsè 명 오색, 청·황·적·백·흑의 다섯 가지 빛깔 | 食物 shíwù 명 음식물, 식품 | 保持 bǎochí 동 지키다, 유지하다 | 法 fǎ 명 법, 방법 | 绿色 lùsè 명 녹색 | 白色 báisè 명 흰색 | 含有 hányǒu 동 포함하다 | 维生素 wéishēngsù 명 비타민 | 消化 xiāohuà 동 소화하다 | 剂 jì 명 ~제, 조제한 약 | 补充 bǔchōng 동 보충하다

红色食物也含有多种维生素，红色食物有：西红柿、
Hóngsè shíwù yě hányǒu duō zhǒng wéishēngsù, hóngsè shíwù yǒu:　xīhóngshì,

红辣椒等。人们称红色食物为"补血剂"，多吃红色食物
hóng làjiāo děng.　Rénmen chēng hóngsè shíwù wéi "bǔ xuè jì",　duō chī hóngsè shíwù

不但可以补血，而且可以促进新陈代谢。
búdàn kěyǐ bǔ xuè,　érqiě kěyǐ cùjìn xīnchén dàixiè.

黄色食物含有的营养可以让皮肤变得更干净，让人
Huángsè shíwù hányǒu de yíngyǎng kěyǐ ràng pífū biàn de gèng gānjìng,　ràng rén

看起来更美丽。所以人们称黄色食物为"天然的化妆品"。
kàn qǐlái gèng měilì.　Suǒyǐ rénmen chēng huángsè shíwù wéi "tiānrán de huàzhuāngpǐn".

黄色食物有香蕉、南瓜等。黄色食物不但对皮肤很好，
Huángsè shíwù yǒu xiāngjiāo, nánguā děng.　Huángsè shíwù búdàn duì pífū hěn hǎo,

而且也很容易消化。
érqiě yě hěn róngyì xiāohuà.

白色食物不但可以让我们保持好心情，而且可以
Báisè shíwù búdàn kěyǐ ràng wǒmen bǎochí hǎo xīnqíng,　érqiě kěyǐ

提高免疫力。心情不太好的时候，可以多吃一些白色
tígāo miǎnyìlì.　Xīnqíng bú tài hǎo de shíhou,　kěyǐ duō chī yìxiē báisè

食物。黑色食物在五种食物中是颜色最深的，人们称它
shíwù.　Hēisè shíwù zài wǔ zhǒng shíwù zhōng shì yánsè zuì shēn de,　rénmen chēng tā

为"综合维生素"。
wéi　"zōnghé wéishēngsù".

辣椒 làjiāo 몡 고추 ｜ 补血 bǔ//xuè 동 보혈하다 补补血 ｜ 促进 cùjìn 동 촉진하다 ｜ 新陈代谢 xīnchén dàixiè 몡 신진대
사 ｜ 天然 tiānrán 혱 자연의, 천연의 ｜ 化妆品 huàzhuāngpǐn 몡 화장품 ｜ 香蕉 xiāngjiāo 몡 바나나 ｜ 南瓜 nánguā 몡
호박 ｜ 免疫力 miǎnyìlì 몡 면역력 ｜ 深 shēn 혱 깊다, 짙다 ｜ 综合 zōnghé 동 종합하다

听了铃木园子的介绍，　我想，　以后每天要吃这五种
Tīng le Língmù Yuánzǐ de jièshào,　　wǒ xiǎng,　yǐhòu měitiān yào chī zhè wǔ zhǒng

颜色的食物，　这样不但对身体好，　而且能带来好心情。
yánsè de shíwù,　　zhèyàng búdàn duì shēntǐ hǎo,　　érqiě néng dàilái hǎo xīnqíng.

**독해 2
확인 학습**

1. 스즈키는 어디에서 '오색 식품법'을 소개했습니까?
　① 班里　　　　　　　② 超市里　　　　　　③ 图书馆里

2. '보혈제'라고 불리며 혈액 보충과 신진대사에 도움이 되는 식품은 무슨 색입니까?
　① 绿色　　　　　　　② 红色　　　　　　　③ 黑色

3. 좋은 기분을 유지하는데 도움이 되는 식품은 무슨 색입니까?
　① 黄色　　　　　　　② 白色　　　　　　　③ 黑色

03 문법 학습

1. 겸어문(2) tip 겸어문(1) - 제2권 128쪽

한 문장에 두 개의 서술어가 있고, 첫 번째 서술어의 목적어가 두 번째 서술어의 주어 역할을 겸할 때 이러한 성분을 '겸어'라고 부르며 이러한 구조를 포함하는 문장을 '겸어문'이라고 합니다.

1 호칭 · 인정 의미류 겸어문

'称(칭하다, 부르다)', '选(뽑다)', '认(인정하다)'과 같은 동사를 첫 번째 서술어로 합니다. 두 번째 서술어 자리에는 주로 '为', '当', '做'가 쓰입니다.

▶ 大家都称他为英雄。 모두들 그를 영웅이라 부른다.
　 Dàjiā dōu chēng tā wéi yīngxióng.

▶ 我们选他当班长。 우리는 그를 반장으로 뽑았다.
　 Wǒmen xuǎn tā dāng bānzhǎng.

▶ 我认你做老师。 나는 너를 선생님으로 인정한다.
　 Wǒ rèn nǐ zuò lǎoshī.

2 '有' 겸어문

첫 번째 서술어 '有'는 겸어의 존재를 나타내는데, 이때 겸어는 일반적으로 사람을 나타내는 명사나 대체사이며 수량구의 수식을 받습니다. '有' 겸어문은 경우에 따라 주어를 생략하기도 합니다.

▶ 我有个朋友上北京大学。 나는 베이징대학에 다니는 친구가 한 명 있다.
　 Wǒ yǒu ge péngyou shàng Běijīng Dàxué.

▶ 他有一个孩子很可爱。 그는 귀여운 아이가 하나 있다.
　 Tā yǒu yí ge háizi hěn kě'ài.

▶ 有一个人在门口等你。 입구에서 너를 기다리는 사람이 있다.
　 Yǒu yí ge rén zài ménkǒu děng nǐ.

▶ 没有人知道小王在哪儿。 샤오왕이 어디에 있는지 아는 사람이 없다.
　 Méi yǒu rén zhīdào Xiǎo Wáng zài nǎr.

2. 접속어 '不但……, 而且……'

'不但……, 而且……'는 점층 관계를 나타내는 접속어로 '~뿐만 아니라 (게다가) ~하다'라는 의미를 나타냅니다.

▶ 他不但会说英语，而且会说汉语。
　　Tā búdàn huì shuō Yīngyǔ, érqiě huì shuō Hànyǔ.
　　그는 영어를 할 줄 알 뿐만 아니라, 중국어도 할 줄 안다.

▶ 这种产品不但质量好，而且价格也便宜。
　　Zhè zhǒng chǎnpǐn búdàn zhìliàng hǎo, érqiě jiàgé yě piányi.
　　이런 상품은 품질이 좋을 뿐만 아니라, 가격도 저렴하다.

▶ 汉语不但容易，而且很有意思。
　　Hànyǔ búdàn róngyì, érqiě hěn yǒu yìsi.
　　중국어는 쉬울 뿐만 아니라, 재미도 있다.

04 연습 문제

1. 녹음을 듣고 알맞은 답을 고르세요. 11-08

(1) 动物们为什么逃跑?

❶ 怕上帝　　　　　❷ 怕狐狸　　　　　❸ 怕老虎

(2) 后来谁逃跑了?

❶ 动物们　　　　　❷ 老虎　　　　　❸ 天帝

2. 녹음을 듣고 질문의 답안과 일치하면 ○, 틀리면 ✕를 표시하세요. 11-09

(1) 老师让我回答问题。

(2) 这里没有人姓金。

(3) 汉语不但容易，而且很有意思。

3. 사진을 보고 상황에 맞게 대화를 완성해 보세요.

(1)

A: 你们这儿有没有人懂西班牙语?

B: _____

(2)

A: 你们选他当什么?

B: _____

4. 다음 문장을 중국어로 써 보세요.

(1) 우리는 그를 영웅이라 부른다.

» _____

(2) 중국어는 쉬울 뿐만 아니라, 재미도 있다.

» _____

(3) 입구에서 너를 기다리는 사람이 있다.

» _____

(4) 이 방법을 아는 사람이 몇 명 없다.

» _____

(5) 나는 베이징대학에 다니는 친구가 한 명 있다.

» _____

5. 다음 단어 및 구를 어순에 알맞게 배열(첫 단어로 시작)해 보세요.

(1) 情况 / 我 / 请 / 介绍 / 。

» 他 _____

(2) 小王 / 知道 / 人 / 哪儿 / 在 / 。

» 没有 _____

(3) 买 / 超市 / 我 / 东西 / 让 / 去 / 。

» 妈妈 _____

(4) 凶猛 / 很 / 老虎 / 里 / 一只 / 有 / 。

» 森林 _____

(5) 好心情 / 不但 / 而且 / 带来 / 对 / 能 / 身体 / 好 / , / 。

» 这样 _____

중국 문화

중국인의 건강 관리법, 养生 yǎngshēng 문화

✦ 중국인의 웰빙 의식

养生은 중국인의 생활 속에 깊이 자리 잡은 의식이자 문화로 신체적, 정신적 건강을 유지하기 위한 여러 개념을 포함한다. 간단하게 웰빙 의식 정도의 개념으로 이해할 수도 있지만, 중국의 养生 문화는 고대 중국인들의 사상과 문화에 뿌리를 둔다. 중국 고대 사상가들은 우주 만물과 하늘과 땅 사이에서 인간 존재를 인식하여 정신과 신체적 건강을 아우르는 수양법으로 养生을 대해왔다. 현대 중국인 역시 전통적인 阴阳五行 yīnyáng wǔxíng 의 균형과 건강 관리를 위해 养生을 중요시한다. 먹고 마시는 것부터, 운동, 생활 습관까지 중국인의 생활 곳곳에 养生 문화가 자리 잡고 있다.

✦ 뜨거운 물로 몸을 보하는 중국인

중국에서는 찬 음식이 몸에 해롭다는 생각이 보편적이다. 평소 물을 마실 때는 물론이고, 무더운 여름에도 개인 텀블러에 뜨거운 물을 담아 마시는 장면을 어렵지 않게 볼 수 있다. 사계절 내내 냉장고에서 찬 물을 꺼내 마시거나, 겨울에도 찬 음료를 주로 마시는 한국과는 반대인 상황인 것이다. 최근에는 중국에서도 얼음을 잔뜩 넣은 콜라나 아이스 커피를 즐겨 마시는 이들이 늘어나고 있다. 하지만 아직은 중국 식당에서 찬물을 마시고 싶거나 찬 음료를 주문할 때는 "要冰的! Yào bīng de! (차가운 걸로 주세요!)"라고 정확히 요청하는 편이 좋다. 그렇지 않으면 미지근한(常温 chángwēn) 음료를 마시게 될 확률이 매우 높기 때문이다.

✦ 광장을 뜨겁게 달구는 广场舞 guǎngchǎngwǔ

탁 트인 광장에 모인 사람들이 음악에 맞춰 흥겹게 춤을 춘다. 광장에 모여 춤을 춘다고 해서
广场舞라고 불리는 이 댄스는 사교댄스와 에어로빅 등이 혼합된 것으로 경쾌한 리듬에 맞춰
몸을 움직이면서 운동 효과를 가져온다. 해가 지고 난 후 광장에 자연스럽게 모이거나 혹은
한가한 낮에 아파트 단지 공터, 인근 공원에서 신나게 춤을 추는 무리를 볼 수 있다. 남녀가
같이 춤을 추는 경우도 있지만, 대개는 중년 여성들이 广场舞의 주축을 이룬다. 이들은 스카
프나 부채 등의 소도구를 이용해 대형을 만들기도 하고, 둘 셋이 파트너가 되어 춤을 추기도
한다.

广场舞는 중국의 养生 문화가 현대적으로 자리 잡은 것으로, 广场舞를 즐기는 사람들은 취
미 활동을 하며 생활 속에서 즐겁게 건강을 관리하고자 하는 이들이다. 중국을 방문하면 해
질 녘에 광장을 찾아 나서 보자. 广场舞를 즐기는 사람들과 이들을 구경하기 위해 나온 사람
들이 한데 모여 왁자지껄하고 생기 넘치는 광경에서 도시인들의 养生 문화를 엿볼 수 있을
것이다.

✦ 새벽 공원을 여는 太极拳 tàijíquán / 太极剑 tàijíjiàn 수련

이른 새벽 공터나 공원에는 맨손으로 太极拳을 수련하거나 검을 들고 太极剑을 수련하는 사람들을 흔히 볼 수 있다. 연세가 지긋한 노인부터 젊은 층까지 혼자 혹은 삼삼오오 모여 수련을 하는 것이다. 얼핏 보기에는 굉장히 느리고 정적인 동작이지만, 太极拳이나 太极剑은 몸과 마음, 호흡을 고르게 하여 음양의 조화를 추구하는 중국 전통 养生의 기본에 충실한 운동이라 할 수 있다.

정통 太极拳 수련은 유파에 따라 추구하는 방식과 동작상에 차이가 있지만, 현재의 '대중화된 太极拳'은 1950년대에 중국 정부가 국민 건강 진흥을 위해 전통적인 太极拳을 간단하게 하여 보급한 것으로 남녀노소 누구나 즐길 수 있을 만큼 간단하고 부드러운 동작으로 연결된 것이 특징이다. 太极拳은 1990년 베이징 아시안게임부터 정식 종목으로 채택되기도 했다.

他把简历发送到了公司。

그는 이력서를 회사로 보냈어요.

《학습 목표》

❶ 동작의 대상에 어떠한 동작이나 행위를 가하여
   변화가 생겼음을 나타내기

❷ 두 절 중의 하나를 선택하는 것을 나타내기

문형 **①**

我把钱包放在桌子上了。 나는 지갑을 책상 위에 두었다.

🎧 12-01 Wǒ bǎ qiánbāo fàngzài zhuōzi shang le.

我	钱存在银行
Wǒ	qián cúnzài yínháng
她	车开到门口
Tā	chē kāidào ménkǒu
我已经	妹妹送到机场
Wǒ yǐjīng	mèimei sòngdào jīchǎng

A 你把钱包放在桌子上了吗? 너 지갑을 책상 위에 두었니?
Nǐ bǎ qiánbāo fàngzài zhuōzi shang le ma?

我把钱包放在桌子上了。 나는 지갑을 책상 위에 두었어. **B**
Wǒ bǎ qiánbāo fàngzài zhuōzi shang le.

문형 **②**

我把作业交给老师了。 나는 숙제를 선생님께 제출했다.

🎧 12-02 Wǒ bǎ zuòyè jiāogěi lǎoshī le.

他	书	还	图书馆
Tā	shū	huán	túshūguǎn
我	自行车	借	朋友
Wǒ	zìxíngchē	jiè	péngyou
我	照片	发	我妈妈
Wǒ	zhàopiàn	fā	wǒ māma

A 你把作业交给老师了吗? 너 숙제를 선생님께 제출했니?
Nǐ bǎ zuòyè jiāogěi lǎoshī le ma?

我把作业交给老师了。 나는 숙제를 선생님께 제출했어. **B**
Wǒ bǎ zuòyè jiāogěi lǎoshī le.

存 cún 동 모으다, 저축하다

我可以把这个句子翻译成汉语。

Wǒ kěyǐ bǎ zhè ge jùzi fānyìchéng Hànyǔ.

12-03

나는 이 문장을 중국어로 번역할 수 있다.

这件衬衣 zhè jiàn chènyī	换成大的 huànchéng dà de
你 nǐ	当成我的亲妹妹 dàngchéng wǒ de qīn mèimei
这儿 zhèr	当作自己的家 dàngzuò zìjǐ de jiā

 你能把这个句子翻译成汉语吗? 너 이 문장을 중국어로 번역할 수 있니?
Nǐ néng bǎ zhè ge jùzi fānyìchéng Hànyǔ ma?

我可以把这个句子翻译成汉语。 나는 이 문장을 중국어로 번역할 수 있어.
Wǒ kěyǐ bǎ zhè ge jùzi fānyìchéng Hànyǔ.

我还没把那本书还给图书馆。

Wǒ hái méi bǎ nà běn shū huángěi túshūguǎn.

12-04

나는 아직 그 책을 도서관에 반납하지 않았다.

报名表 bàomíngbiǎo	送到办公室去 sòngdào bàngōngshì qù
那些照片 nà xiē zhàopiàn	拷到电脑里 kǎodào diànnǎo li
这个WORD文件 zhè ge WORD wénjiàn	转换成PDF文件 zhuǎnhuànchéng PDF wénjiàn

A 你把那本书还给图书馆了没有? 너 그 책 도서관에 반납했니 안 했니?
Nǐ bǎ nà běn shū huángěi túshūguǎn le méiyǒu?

我还没把那本书还给图书馆。 나는 아직 그 책을 도서관에 반납하지 않았어. B
Wǒ hái méi bǎ nà běn shū huángěi túshūguǎn.

句子 jùzi 명 문장 | 翻译 fānyì 동 번역하다, 통역하다 | 当作 dàngzuò 동 ~로 여기다, ~로 삼다 | 报名表 bàomíngbiǎo
명 참가 신청서 | 拷 kǎo 동 복사하다, 카피하다 | 文件 wénjiàn 명 문서, 서류 | 转换 zhuǎnhuàn 동 전환하다, 바꾸다

这不是我的衣服，而是她的衣服。

12-05

Zhè bú shì wǒ de yīfu, ér shì tā de yīfu.

이것은 내 옷이 아니라, 그녀의 옷이다.

我	不想去	有事不能去
Wǒ	bù xiǎng qù	yǒu shì bù néng qù
我出生的地方	北京	上海
Wǒ chūshēng de dìfang	Běijīng	Shànghǎi
这个歌手	韩国人	中国人
Zhè ge gēshǒu	Hánguórén	Zhōngguórén

A 这是不是你的衣服? 이것은 네 옷 아니니?
Zhè shì bu shì nǐ de yīfu?

这不是我的衣服，而是她的衣服。 이것은 내 옷이 아니라, 그녀의 옷이야. **B**
Zhè bú shì wǒ de yīfu, ér shì tā de yīfu.

出生 chūshēng 동 출생하다, 태어나다 | 歌手 gēshǒu 명 가수

독해1 12-06

招聘启事
Zhāopìn qǐshì

工作内容:
Gōngzuò nèiróng:

- 把韩语翻译成汉语，或者把汉语翻译成韩语
  Bǎ Hányǔ fānyìchéng Hànyǔ,　huòzhě bǎ Hànyǔ fānyìchéng Hányǔ

- 把字幕添加到电影、电视剧中
  Bǎ zìmù tiānjiādào diànyǐng,　diànshìjù zhōng

应聘条件:
Yìngpìn tiáojiàn:

- 汉语、韩语水平考试证明
  Hànyǔ,　Hányǔ shuǐpíng kǎoshì zhèngmíng

- 工作认真，有热情
  Gōngzuò rènzhēn, yǒu rèqíng

- 每天可以工作3-4个小时
  Měitiān kěyǐ gōngzuò sān-sì ge xiǎoshí

- 有电影、电视剧翻译工作经验的人优先
  Yǒu diànyǐng, diànshìjù fānyì gōngzuò jīngyàn de rén yōuxiān

应聘流程:
Yìngpìn liúchéng:

- 发送简历 ▶ 试翻译 ▶ 签约
  Fāsòng jiǎnlì ▶ shì fānyì ▶ qiān yuē

招聘 zhāopìn 동 모집하다, 초빙하다 ┃ 启事 qǐshì 명 공고, 광고 ┃ 内容 nèiróng 명 내용 ┃ 字幕 zìmù 명 자막 ┃ 添加 tiānjiā 동 첨가하다, 보태다 ┃ 应聘 yìngpìn 동 지원하다 ┃ 条件 tiáojiàn 명 조건, 상황 ┃ 证明 zhèngmíng 명 증명서 동 증명하다 ┃ 优先 yōuxiān 동 우선하다 ┃ 流程 liúchéng 명 절차, 과정 ┃ 发送 fāsòng 동 보내다 ┃ 简历 jiǎnlì 명 이력서, 약력 ┃ 签约 qiān//yuē 동 (계약·조약서에) 서명하다, 체결하다 签下约

朴智敏很喜欢看电视剧，对韩中文化交流也很
Piáo Zhìmǐn hěn xǐhuan kàn diànshìjù,　duì Hán Zhōng wénhuà jiāoliú yě hěn

感兴趣。他看到了一条招聘启事，工作是翻译电影和
gǎn xìngqù.　Tā kàndào le yì tiáo zhāopìn qǐshì,　gōngzuò shì fānyì diànyǐng hé

电视剧。这份兼职不是一定要去公司上班，而是可以在
diànshìjù.　Zhè fèn jiānzhí bú shì yídìng yào qù gōngsī shàng bān,　ér shì kěyǐ zài

家工作，工作时间比较自由。在中国的这几年，他把
jiā gōngzuò,　gōngzuò shíjiān bǐjiào zìyóu.　Zài Zhōngguó de zhè jǐ nián,　tā bǎ

时间都花在学汉语上了，汉语水平很高，所以他想试一
shíjiān dōu huāzài xué Hànyǔ shang le,　Hànyǔ shuǐpíng hěn gāo,　suǒyǐ tā xiǎng shì yi

试。他把简历发送到了公司，希望能和公司签约。
shì.　Tā bǎ jiǎnlì fāsòngdào le gōngsī,　xīwàng néng hé gōngsī qiān yuē.

독해1 확인 학습	1. 채용 응시 조건에 포함되지 않는 것은 무엇입니까?

　① 汉语水平考试证明　　② 工作认真，有热情　　③ 周末工作

2. 다음 중 업무 특징이 <u>아닌</u> 것은 무엇입니까?

　① 工作时间比较自由　　② 周末看电影　　③ 可以在家工作

交流 jiāoliú 동 교류하다, 소통하다 | 兴趣 xìngqù 명 흥미, 관심 | 操作 cāozuò 명 동 조작(하다)

特别的婚俗

说到婚礼，人们一般会想到穿得非常精神的新郎，
Shuōdào hūnlǐ, rénmen yìbān huì xiǎngdào chuān de fēicháng jīngshen de xīnláng,

打扮得特别漂亮的新娘，来参加婚礼的人都高高兴兴的。
dǎban de tèbié piàoliang de xīnniáng, lái cānjiā hūnlǐ de rén dōu gāogaoxìngxìng de.

但有些地方的婚礼不是这样的，而是我们想不到的，
Dàn yǒuxiē dìfang de hūnlǐ bú shì zhèyàng de, ér shì wǒmen xiǎng bu dào de,

非常特别。
fēicháng tèbié.

在苏格兰，举行婚礼的前一天，新郎要坐在水里，
Zài Sūgélán, jǔxíng hūnlǐ de qián yì tiān, xīnláng yào zuòzài shuǐ li,

这时候，他的朋友们会把他的腿涂成黑色的。朋友们
zhè shíhou, tā de péngyoumen huì bǎ tā de tuǐ túchéng hēisè de. Péngyoumen

还会用面粉，把新娘涂成白色的。他们认为这样做能
hái huì yòng miànfěn, bǎ xīnniáng túchéng báisè de. Tāmen rènwéi zhèyàng zuò néng

带来好运。
dàilái hǎoyùn.

保加利亚有一个小城市，那里不是什么时候都可以
Bǎojiālìyà yǒu yí ge xiǎo chéngshì, nàli bú shì shénme shíhou dōu kěyǐ

举行婚礼，而是只在冬天结婚。婚礼前，新娘的脸不能
jǔxíng hūnlǐ, ér shì zhǐ zài dōngtiān jiéhūn. Hūnlǐ qián, xīnniáng de liǎn bù néng

---

婚俗 hūnsú 명 결혼 풍속 | **婚礼** hūnlǐ 명 결혼식 | **一般** yìbān 형 일반적이다, 보통이다 | **精神** jīngshen 명 정신 형 활기차다, 잘생기다 | **新郎** xīnláng 명 신랑 | **新娘** xīnniáng 명 신부 | **苏格兰** Sūgélán 고유 스코틀랜드 | **举行** jǔxíng 동 거행하다, 개최하다 | **涂** tú 동 바르다, 칠하다 | **面粉** miànfěn 명 밀가루 | **认为** rènwéi 동 여기다, 생각하다 | **好运** hǎoyùn 명 행운 | **保加利亚** Bǎojiālìyà 고유 불가리아

被其他人看到，所以人们把新娘的脸涂成白色的。如果
bèi qítā rén kàndào, suǒyǐ rénmen bǎ xīnniáng de liǎn túchéng báisè de. Rúguǒ

下雪的话，外面也是雪白雪白的，婚礼看起来更加特别。
xià xuě de huà, wàimian yě shì xuěbái xuěbái de, hūnlǐ kàn qǐlái gèngjiā tèbié.

中国每个少数民族都有不同的婚俗。拉祜族的女人
Zhōngguó měi ge shǎoshù mínzú dōu yǒu bùtóng de hūnsú. Lāhùzú de nǚrén

从结婚那天起，要把头发剃成光头，她们认为剃光头
cóng jiéhūn nà tiān qǐ, yào bǎ tóufa tìchéng guāngtóu, tāmen rènwéi tì guāngtóu

不但卫生，而且做事时很方便。她们也把光头看作美的
búdàn wèishēng, érqiě zuò shì shí hěn fāngbiàn. Tāmen yě bǎ guāngtóu kànzuò měi de

象征。土家族的婚礼不是笑着祝福新郎新娘，而是一定
xiàngzhēng. Tǔjiāzú de hūnlǐ bú shì xiào zhe zhùfú xīnláng xīnniáng, ér shì yídìng

要哭，而且要哭得让人感动。
yào kū, érqiě yào kū de ràng rén gǎndòng.

这些婚俗是不是都很特别？在这个大大的世界上，
Zhè xiē hūnsú shì bu shì dōu hěn tèbié? Zài zhè ge dàdà de shìjiè shang,

真是有很多我们不知道的啊！
zhēn shì yǒu hěn duō wǒmen bù zhīdào de a!

독해 2 확인 학습

1. 스코틀랜드에서는 신랑 신부를 축복하기 위해 신부의 몸에 무엇을 바릅니까?
   ① 面粉　　　　② 花粉　　　　③ 雪

2. 불가리아에 있는 소도시의 결혼 풍습에 따르면, 사람들은 언제 결혼을 할 수 있습니까?
   ① 什么时候都可以　　　　② 冬天　　　　③ 春天

3. 라후족의 여인들은 결혼식을 올린 후 머리를 어떻게 합니까?
   ① 把头发涂成白色　　② 把头发剃成光头　　③ 把头发涂成黑色

更加 gèngjiā 부 더욱 더 | 少数民族 shǎoshù mínzú 명 소수민족 | 同 tóng 형 같다 | 拉祜族 Lāhùzú 고유 라후족 | 光头 guāngtóu 명 빡빡 깎은 머리, 대머리 | 卫生 wèishēng 형 위생적이다, 깨끗하다 | 象征 xiàngzhēng 명 동 상징(하다) | 土家族 Tǔjiāzú 고유 투자족 | 祝福 zhùfú 명 동 축복(하다), 기원하다

03 문법 학습

1. '把'구문(2) tip '把'구문(1) - 제2권 168쪽

'把'구문(2)는 또한 서술어 동사 뒤에 보어(在, 到, 给, 成, 作)와 목적어를 더해, 동작이나 행위를 통해 대상의 '위치나 상태'에 변화가 생겨났음을 표현하고자 할 때 사용합니다. 이러한 경우는 'S+V+O'로 표현할 수 없습니다.

$$S + 把\ O_1 + VC_{在/到/给/成/作} + O_2$$

1 위치의 변화

동사 뒤에 보어(在, 到, 给)와 목적어를 더하여 동작이나 행위를 통해 사람이나 사물이 도달하거나 놓이거나 전달된 위치를 나타냅니다.

▶我把书包放在桌子上了。 나는 책가방을 책상 위에 놓았다.
　Wǒ bǎ shūbāo fàngzài zhuōzi shang le.

▶我把钱存在银行了。 나는 돈을 은행에 예금했다.
　Wǒ bǎ qián cúnzài yínháng le.

▶他把车开到门口了。 그는 차를 입구까지 운전했다.
　Tā bǎ chē kāidào ménkǒu le.

▶我把椅子拿到楼上去了。 나는 의자를 위층으로 가져갔다.
　Wǒ bǎ yǐzi nádào lóushàng qù le.

▶我把自行车借给朋友了。 나는 자전거를 친구에게 빌려줬다.
　Wǒ bǎ zìxíngchē jiègěi péngyou le.

▶我把作业交给老师了。 나는 숙제를 선생님께 제출했다.
　Wǒ bǎ zuòyè jiāogěi lǎoshī le.

2 상태의 변화

동사 뒤에 보어(成, 作)와 목적어를 더하여 동작이나 행위를 통해 사람이나 사물의 상태가 다른 것으로 변화하였음을 나타냅니다.

▶我把人民币换成美元了。 나는 인민폐를 달러로 바꾸었다.
Wǒ bǎ rénmínbì huànchéng měiyuán le.

▶他把这本小说翻译成英语了。 그는 이 소설을 영어로 번역했다.
Tā bǎ zhè běn xiǎoshuō fānyìchéng Yīngyǔ le.

▶他把中国当作第二故乡。 그는 중국을 제2의 고향으로 삼았다.
Tā bǎ Zhōngguó dàngzuò dì èr gùxiāng.

▶他们把她看作家里人。 그들은 그녀를 가족으로 여겼다.
Tāmen bǎ tā kànzuò jiā li rén.

부정 형식은 '把' 앞에 '没'나 '不'를 사용하여 만듭니다. 부사 및 조동사와 시간명사 역시 '把' 앞에 출현합니다.

▶我没把自行车停在楼下。 나는 자전거를 아래층에 세워 두지 않았다.
Wǒ méi bǎ zìxíngchē tíngzài lóuxià.

▶我已经把妹妹送到机场了。 나는 이미 여동생을 공항에 데려다주었다.
Wǒ yǐjīng bǎ mèimei sòngdào jīchǎng le.

▶我明天要把作业交给老师。 나는 내일 숙제를 선생님께 제출할 것이다.
Wǒ míngtiān yào bǎ zuòyè jiāogěi lǎoshī.

2. 접속어 '不是……, 而是……'

'不是……, 而是……'는 선택 관계 접속어로 '~가 아니고 ~이다'라는 의미를 나타냅니다.

▶这个歌手不是韩国人, 而是中国人。 이 가수는 한국인이 아니라, 중국인이다.
Zhè ge gēshǒu bú shì Hánguórén, ér shì Zhōngguórén.

▶我不是不想去, 而是有事不能去。 내가 가고 싶지 않은 게 아니라, 일이 있어서 갈 수 없는 거야.
Wǒ bú shì bù xiǎng qù, ér shì yǒu shì bù néng qù.

▶我出生的地方不是北京, 而是上海。 내 출생지는 베이징이 아니라, 상하이다.
Wǒ chūshēng de dìfang bú shì Běijīng, ér shì Shànghǎi.

人民币 rénmínbì 고유 인민폐 | 美元 měiyuán 고유 미국 달러 | 故乡 gùxiāng 명 고향

04 연습 문제

1. 녹음을 듣고 알맞은 답을 고르세요. 12-08

(1) 朴智敏把简历送到哪儿了?

　　❶ 公司　　　　　　　❷ 学校　　　　　　　❸ 家里

(2) 朴智敏对什么感兴趣?

　　❶ 看韩国电影　　　　❷ 看中文小说　　　　❸ 韩中文化交流

2. 녹음을 듣고 질문의 답안과 일치하면 ○, 틀리면 ╳를 표시하세요. 12-09

(1) 这是她的衣服。

(2) 我没把钱包放在桌子上。

(3) 我可以把这个句子翻译成汉语。

3. 사진을 보고 상황에 맞게 대화를 완성해 보세요.

(1)

A: 你把车开到哪儿了?

B: _____

(2)

A: 你把人民币换成美元了吗?

B: _____

4. 다음 문장을 중국어로 써 보세요.

(1) 나는 책을 책상 위에 두었다.

≫ _____

(2) 나는 내일 숙제를 선생님께 제출할 것이다.

≫ _____

(3) 내가 가고 싶지 않은 게 아니라, 일이 있어서 갈 수 없는 것이다.

≫ _____

(4) 나는 이 문장을 중국어로 번역할 수 있다.

≫ _____

(5) 나는 아직 그 책을 도서관에 반납하지 않았다.

≫ _____

5. 다음 단어 및 구를 어순에 알맞게 배열(첫 단어로 시작)해 보세요.

(1) 送到 / 已经 / 朋友 / 机场 / 把 / 了 / 。

≫ 我 _____

(2) 自行车 / 给 / 把 / 了 / 借 / 朋友 / 。

≫ 我 _____

(3) 楼下 / 把 / 在 / 停 / 没 / 自行车 / 。

≫ 我 _____

(4) 也 / 美的 / 把 / 看作 / 象征 / 光头 / 。

≫ 她们 _____

(5) 简历 / 公司 / 到 / 发送 / 把 / 了 / 。

≫ 他 _____

중국 문화

중국의 결혼 풍속도

✦ 성대하게 치르는 인륜지대사

중국의 결혼식은 일반적으로 아침부터 저녁까지 하루 종일 성대하게 치러진다. 한국과 같은 전문적인 결혼식장은 없고 대개 호텔이나 식당에서 결혼식과 피로연을 같이 치르는 것이 일반적이다. 신랑 신부의 고향이 멀리 떨어져 있는 경우는 각각의 고향에서 예식을 두 번 치르기도 한다.

결혼식 당일 아침에 신랑은 신부집으로 가서 신부와 함께 결혼식장으로 이동하는데 이때 신랑 신부가 타는 차를 고급 리무진이나 외제 차로 준비해서 화려하게 장식하는 풍조가 있다. 신랑 신부가 하루 전날 결혼식이 진행될 호텔에서 미리 투숙하는 경우도 있는데, 이때에도 미리 준비한 차로 신부 부모나 하객을 데려오는 경우가 일반적이다. 호텔에서 미리 묵는 경우에도 본격적인 식이 거행되기 전에 신랑은 신부방에서 신부를 데려와야 한다. 신부는 행운을 가져다주는 색인 붉은색으로 장식된 방에서 신랑을 기다리는데, 이때 방의 침대는 붉은색 침구로 준비하고, 침대 위는 말린 과일이나 대추 등으로 장식한다. 신부 친구들은 신부와 함께 방에서 신랑을 기다리되, 신랑이 도착하면 바로 문을 열어 주지 않고 퀴즈 등을 통해 흥을 돋우며 시끌벅적한 분위기를 낸다. 하객들의 장난 섞인 방해를 뚫고 신부방에 도착한 신랑은 신부에게 붉은 신을 신겨주고 함께 식장으로 이동한다.

본식에서 신랑 신부는 붉은색으로 화려하게 장식된 전통 혼례복을 입는다. 주례는 따로 없고, 보통 신랑 신부의 부모님, 친구들이 연단에 올라 축사를 하는 경우가 일반적이다. 하객들은 미리 지정된 자리에 앉아 식사를 하며 신랑 신부의 미래를 축복한다. 중국 결혼식의 특색 중 하나는 바로 하객을 위해 준비한 연회 테이블이다. 신랑 신부는 테이블 한 상이 가득 넘치도록 음식을 준비하고, 테이블마다 喜酒 xǐjiǔ, 喜糖 xǐtáng, 喜烟 xǐyān 을 준비해서 하객들에게 답례 선물로 준다. 기쁠 희 '喜 xǐ'가 두 번 겹친 '囍 shuāng xǐ'는 신랑 신부의 행복이 배로 번져가길 기원하는 마음이 담긴 것으로, 피로연이 시작되면 신랑 신부는 하객들이 앉은 테이블을 돌며 喜酒를 나누어 마신다.

✦ 누가 내 자녀와 결혼하겠어요? 부모가 대신해서 보는 맞선

맞선이나 소개팅을 중국어로는 相亲 xiāngqīn 이라고 한다. 소개팅을 할 때는 당사자들이 직접 만나는 것이 일반적이지만, 중국에서는 머리가 희끗희끗한 백발의 부모가 자녀를 위해 결혼 상대자를 대신 찾아주는 白发相亲 báifà xiāngqīn 이 있다.

주말 오전이나 평일 한가한 시간에 사람들이 많이 모이는 공원 한쪽에는 자녀를 소개하는 전단이나 사진을 직접 들고 나온 부모들이 장사진을 이룬다. 이들이 모이는 장소를 白发相亲角 báifà xiāngqīn jiǎo 라고 하는데, 보통 자녀의 나이, 키, 호적, 학력, 직업, 연봉, 상대방에 대한 요구 사항 등이 자세히 기록된 소개서를 서로 맞춰보고 마음에 들거나 조건에 맞으면 부모들끼리 자녀의 연락처를 교환하거나 만남을 주선하는 방식이다. 해외에 거주하는 자녀나 해외에서 유학을 마치고 온 자녀의 상대방을 찾기 위한 海外区 hǎiwài qū 까지 따로 마련되어 있을 정도이다. 중국 젊은이들의 결혼이 늦어지고 혼인율이 낮아지면서 자녀 결혼에 적극적으로 나서는 부모들의 白发相亲은 지속될 것으로 보인다.

弟弟已经有爸爸那么高了。

남동생은 이미 키가 아빠만큼 자랐어요.

◀학습 목표▶

❶ 동일하거나 유사함을 나타내는 비교구문 표현하기

문형 1

我的想法跟你一样。 내 생각은 너와 같다.

Wǒ de xiǎngfǎ gēn nǐ yíyàng.

13-01

她的年纪 Tā de niánjì	我 wǒ
他的意见 Tā de yìjiàn	别人 biéren
这儿的条件 Zhèr de tiáojiàn	那儿 nàr

A 你的想法跟我一样吗? 네 생각은 나와 같니?
Nǐ de xiǎngfǎ gēn wǒ yíyàng ma?

我的想法跟你一样。 내 생각은 너와 같아. **B**
Wǒ de xiǎngfǎ gēn nǐ yíyàng.

 문형 2

他的意见跟别人不一样。 그의 의견은 다른 사람과 다르다.

Tā de yìjiàn gēn biéren bù yíyàng.

13-02

我的想法 Wǒ de xiǎngfǎ	你 nǐ
她的性格 Tā de xìnggé	妈妈 māma
这儿的条件 Zhèr de tiáojiàn	那儿 nàr

A 他的意见跟别人一样吗? 그의 의견은 다른 사람과 같니?
Tā de yìjiàn gēn biéren yíyàng ma?

他的意见跟别人不一样。 그의 의견은 다른 사람과 달라. **B**
Tā de yìjiàn gēn biéren bù yíyàng.

想法 xiǎngfǎ 명 생각, 의견 | 意见 yìjiàn 명 의견, 견해

他考得跟你一样好。 그는 시험을 너랑 똑같이 잘 봤다.

 Tā kǎo de gēn nǐ yíyàng hǎo.

13-03

长
zhǎng

高
gāo

回答
huídá

准确
zhǔnquè

汉语说
Hànyǔ shuō

流利
liúlì

 他考得好吗? 그는 시험 잘 봤니?
Tā kǎo de hǎo ma?

他考得跟你一样好。 그는 시험을 너랑 똑같이 잘 봤어. **B**
Tā kǎo de gēn nǐ yíyàng hǎo.

 他个子有他爸爸那么高。 그는 키가 그의 아빠만큼 크다.

 Tā gèzi yǒu tā bàba nàme gāo.

13-04

他的房间
Tā de fángjiān

你的房间
nǐ de fángjiān

干净
gānjìng

她妹妹
Tā mèimei

她
tā

可爱
kě'ài

今天
Jīntiān

昨天
zuótiān

冷
lěng

A **他个子高吗?** 그는 키가 크니?
Tā gèzi gāo ma?

他个子有他爸爸那么高。 그는 키가 그의 아빠만큼 커. **B**
Tā gèzi yǒu tā bàba nàme gāo.

考 kǎo 명 동 시험보다

坐公交车没有坐地铁(那么)快。

13-05

Zuò gōngjiāochē méiyǒu zuò dìtiě (nàme) kuài.

버스 타는 것은 지하철 타는 것만큼 (그렇게) 빠르지 않다.

这件衣服	那件	漂亮
Zhè jiàn yīfu	nà jiàn	piàoliang
我去过的地方	他	多
Wǒ qù guo de dìfang	tā	duō
这次考试成绩	上次	好
Zhècì kǎoshì chéngjì	shàngcì	hǎo

坐公交车快吗? 버스 타는 게 빠르니?
Zuò gōngjiāochē kuài ma?

坐公交车没有坐地铁(那么)快。 버스 타는 것은 지하철 타는 것만큼 (그렇게) 빠르지 않아. **B**
Zuò gōngjiāochē méiyǒu zuò dìtiě (nàme) kuài.

这次 zhècì 대 이번, 요번 | 上次 shàngcì 명 저번, 지난번

독해1 🎧 13-06

现在住的地方到公司只能坐公交车，上下班高峰
Xiànzài zhù de dìfang dào gōngsī zhǐ néng zuò gōngjiāochē, shàngxià bān gāofēng

时间特别堵。 我想，坐公交车没有坐地铁方便，所以
shíjiān tèbié dǔ. Wǒ xiǎng, zuò gōngjiāochē méiyǒu zuò dìtiě fāngbiàn, suǒyǐ

决定搬到地铁站附近。 搬家前简单地把东西整理了一下，
juédìng bāndào dìtiězhàn fùjìn. Bān jiā qián jiǎndān de bǎ dōngxi zhěnglǐ le yíxià,

突然看到了以前的相册， 就坐在沙发上慢慢儿地看起来。
tūrán kàndào le yǐqián de xiàngcè, jiù zuòzài shāfā shang mànmānr de kàn qǐlái.

从幼儿园到大学，变化真大呀！
Cóng yòu'éryuán dào dàxué, biànhuà zhēn dà ya!

这是几岁时的照片呢？ 我只有桌子那么高，弟弟
Zhè shì jǐ suì shí de zhàopiàn ne? Wǒ zhǐ yǒu zhuōzi nàme gāo, dìdi

王明也只到我的肩膀。我记得弟弟总是说 "我没有姐姐
Wáng Míng yě zhǐ dǎo wǒ de jiānbǎng. Wǒ jìde dìdi zǒngshì shuō "Wǒ méiyǒu jiějie

跑得快"、 "我没有姐姐写得好" 等等，然后就伤心得
pǎo de kuài", "Wǒ méiyǒu jiějie xiě de hǎo" děngděng, ránhòu jiù shāngxīn de

哭起来。 那时候的我们真可爱！这张应该是上初中的
kū qǐlái. Nà shíhou de wǒmen zhēn kě'ài! Zhè zhāng yīnggāi shì shàng chūzhōng de

时候，弟弟已经有爸爸那么高了。 他的个子超过我后，
shíhou, dìdi yǐjīng yǒu bàba nàme gāo le. Tā de gèzi chāoguò wǒ hòu,

总是开玩笑说： "姐，你的个子没有我高，你得听我
zǒngshì kāi wánxiào shuō: "Jiě, nǐ de gèzi méiyǒu wǒ gāo, nǐ děi tīng wǒ

高峰时间 gāofēng shíjiān 러시아워 | 相册 xiàngcè 명 앨범, 사진첩 | 肩膀 jiānbǎng 명 어깨 | 记得 jìde 동 기억하고 있다 | 超过 chāoguò 동 초과하다, 추월하다 | 开玩笑 kāi wánxiào 농담하다, 웃기다

的。" 那时候弟弟只是个子长高了，其实还是和小孩子
de." Nà shíhou dìdi zhǐshì gèzi zhǎnggāo le, qíshí háishi hé xiǎoháizi

一样天真。小时候我们常常吵架，但现在我们珍惜彼此。
yíyàng tiānzhēn. Xiǎoshíhou wǒmen chángcháng chǎo jià, dàn xiànzài wǒmen zhēnxī bǐcǐ.

一转眼，我们都长大了。看着这些照片，想起小时候
Yì zhuǎnyǎn, wǒmen dōu zhǎngdà le. Kàn zhe zhè xiē zhàopiàn, xiǎngqǐ xiǎoshíhou

住过的地方。不知道那儿是不是还和以前一样，不知道
zhù guo de dìfang. Bù zhīdào nàr shì bu shì hái hé yǐqián yíyàng, bù zhīdào

那个我们每天都去的文具店还有没有。以后有时间的话，
nà ge wǒmen měitiān dōu qù de wénjùdiàn hái yǒu méi yǒu. Yǐhòu yǒu shíjiān de huà,

一定要回去看一看。
yídìng yào huíqù kàn yi kàn.

1. 나는 어디로 이사할 예정입니까?

　① 公司附近　　　　　② 地铁站附近　　　　　③ 小时候住过的地方

2. 중학교 때 남동생의 키는 얼마나 컸습니까?

　① 只到我的肩膀　　　② 跟我的个子一样　　　③ 有爸爸那么高

只是 zhǐshì 부 다만, 단지 ｜ 天真 tiānzhēn 형 천진하다, 순진하다 ｜ 吵架 chǎo//jià 동 다투다, 말다툼하다 吵了一架 ｜
珍惜 zhēnxī 동 소중히 여기다 ｜ 彼此 bǐcǐ 대 피차, 서로 ｜ 转眼 zhuǎnyǎn 동 눈을 돌리다, 눈을 깜짝하다 ｜ 文具店
wénjùdiàn 문구점

差不多先生

有一个人姓差， 叫不多， 别人都叫他 "差不多先生"。
Yǒu yí ge rén xìng Chà, jiào Bùduō, biéren dōu jiào tā "Chàbuduō xiānsheng".

差不多先生的口头禅是： "做什么事差不多就行了， 不
Chàbuduō xiānsheng de kǒutóuchán shì: "Zuò shénme shì chàbuduō jiù xíng le, bú

要太认真。"
yào tài rènzhēn."

他小的时候， 妈妈叫他去买红糖， 他却买回来白糖，
Tā xiǎo de shíhou, māma jiào tā qù mǎi hóngtáng, tā què mǎi huílái báitáng,

妈妈很生气。 他很委屈地说： "白糖跟红糖一样甜，
māma hěn shēng qì. Tā hěn wěiqu de shuō: "Báitáng gēn hóngtáng yíyàng tián,

为什么生气？" 他上学的时候， 老师指着地图问： "这
wèi shénme shēng qì?" Tā shàng xué de shíhou, lǎoshī zhǐ zhe dìtú wèn: "Zhè

是哪个省？" 他回答说是陕西省。 老师说： "错了， 这
shì nǎ ge Shěng?" Tā huídá shuō shì Shǎnxī Shěng. Lǎoshī shuō: "Cuò le, zhè

不是陕西省， 而是山西省。" 他说： "陕西和山西
bú shì Shǎnxī Shěng, ér shì Shānxī Shěng." Tā shuō: "Shǎnxī hé Shānxī

差不多嘛。" 后来， 他上班了， 因为和小时候一样， 做
chàbuduō ma." Hòulái, tā shàng bān le, yīnwèi hé xiǎoshíhou yíyàng, zuò

什么都不细心， 常常把十字写成千字， 又把千字写成十
shénme dōu bú xìxīn, chángcháng bǎ shí zì xiěchéng qiān zì, yòu bǎ qiān zì xiěchéng shí

差不多先生 Chàbuduō xiānsheng 대충대충 선생 | 口头禅 kǒutóuchán 명 말버릇 | 红糖 hóngtáng 명 홍탕, 흑설탕 | 却 què 부 도리어, ~지만 | 白糖 báitáng 명 백설탕 | 委屈 wěiqu 형 억울하다 | 地图 dìtú 명 지도 | 省 Shěng 명 성 중국의 최상급 지방 행정 단위 | 陕西省 Shǎnxī Shěng 고유 섬서성, 중국 중서부에 있는 성 | 山西省 Shānxī Shěng 고유 산시성, 중국 동부에 있는 성 | 嘛 ma 조 서술문 뒤에 쓰여 당연함을 나타냄

字, 给公司造成了不少损失。
zì, gěi gōngsī zàochéng le bù shǎo sǔnshī.

有一次, 他为了办一件要紧的事, 要坐火车去上海。
Yǒu yí cì, tā wèile bàn yí jiàn yàojǐn de shì, yào zuò huǒchē qù Shànghǎi.

他从从容容地走到火车站, 但因为晚到了两分钟, 火车
Tā cóngcongróngróng de zǒudào huǒchēzhàn, dàn yīnwèi wǎn dào le liǎng fēnzhōng, huǒchē

已经开走了。 他错过了火车, 摇摇头说: "只好明天再
yǐjīng kāizǒu le. Tā cuòguò le huǒchē, yáoyao tóu shuō: "Zhǐhǎo míngtiān zài

去了, 反正今天和明天也差不多。 可是火车公司也太
qù le, fǎnzhèng jīntiān hé míngtiān yě chàbuduō. Kěshì huǒchē gōngsī yě tài

认真了。 8点30分开, 和8点32分开, 不是差不多吗?"
rènzhēn le. Bā diǎn sānshí fēn kāi, hé bā diǎn sānshí'èr fēn kāi, bú shì chàbuduō ma?"

有一天, 他忽然得了急病, 家人赶快去请有名的汪
Yǒu yì tiān, tā hūrán dé le jíbìng, jiārén gǎnkuài qù qǐng yǒumíng de Wāng

大夫, 但汪大夫去给别人看病了。 他们很着急, 请来了
dàifu, dàn Wāng dàifu qù gěi biéren kàn bìng le. Tāmen hěn zháojí, qǐng lái le

王大夫。 王大夫和汪大夫一样有名, 但他是兽医。 差不多
Wáng dàifu. Wáng dàifu hé Wāng dàifu yíyàng yǒumíng, dàn tā shì shòuyī. Chàbuduō

先生知道来错了人, 但他说: "反正王大夫和汪大夫
xiānsheng zhīdào láicuò le rén, dàn tā shuō: "Fǎnzhèng Wáng dàifu hé Wāng dàifu

差不多, 让他给我看病吧。" 第二天, 差不多先生的病
chàbuduō, ràng tā gěi wǒ kàn bìng ba." Dì èr tiān, Chàbuduō xiānsheng de bìng

更严重了, 家人担心他会死去, 急得哭了出来, 他却说:
gèng yánzhòng le, jiārén dān xīn tā huì sǐqù, jí de kū le chūlái, tā què shuō:

造成 zàochéng 동 만들다, 야기하다 | 损失 sǔnshī 명 동 손실(하다), 손해(보다) | 要紧 yàojǐn 형 중요하다, 심각하다 |
从容 cóngróng 형 느긋하다, 침착하다 | 错过 cuòguò 동 놓치다 | 反正 fǎnzhèng 부 어차피, 어쨌든 | 忽然 hūrán 부 갑
자기, 돌연 | 急病 jíbìng 명 급성 질환 | 赶快 gǎnkuài 부 빨리, 어서 | 汪 Wāng 고유 왕(성씨) | 兽医 shòuyī 명 수의사

"活人和死人差……差……不多, 做什么……差……不多
"Huó rén hé sǐ rén chà…… chà…… buduō, zuò shénme…… chà…… buduō

……就行了, 不……不要……太……太认真……"
……jiù xíng le, bù…… bú yào…… tài…… tài rènzhēn……"

독해 2 확인 학습

1. 대충대충 선생의 성격은 어떻습니까?
　　① 细心　　　　　　　　② 认真　　　　　　　　③ 马大哈

2. 대충대충 선생이 상하이행 기차를 타기 위해 기차역에 도착한 시간은 언제입니까?
　　① 8点28分　　　　　　② 8点半　　　　　　　③ 8点32分

3. 대충대충 선생을 치료한 사람은 누구입니까?
　　① 汪大夫　　　　　　　② 王大夫　　　　　　　③ 家人

活 huó 동 살다, 생존하다

03 문법 학습

1. 단순동등 비교구문

단순동등 비교구문은 사람이나 사물이 서로 동일함을 나타내는 비교구문입니다. 'A+跟+B+一样 (+C)' 형식을 사용하며, A와 B에 동일한 성분이 있을 경우 일반적으로 B에 있는 동일 성분을 생략합니다.

▶ 他的身高跟你一样。 그의 키는 너와 같다.
　Tā de shēngāo gēn nǐ yíyàng.

▶ 她的年纪跟我一样。 그녀의 나이는 나와 같다.
　Tā de niánjì gēn wǒ yíyàng.

▶ 他长得跟他哥哥一样。 그는 그의 형과 똑같이 생겼다.
　Tā zhǎng de gēn tā gēge yíyàng.

단순동등 비교구문의 부정은 '一样' 앞에 '不'를 더하여 표현합니다.

▶ 他的身高跟你不一样。 그의 키는 너와 다르다.
　Tā de shēngāo gēn nǐ bù yíyàng.

▶ 她的年纪跟我不一样。 그녀의 나이는 나와 다르다.
　Tā de niánjì gēn wǒ bù yíyàng.

▶ 他长得跟他哥哥不一样。 그는 그의 형과 다르게 생겼다.
　Tā zhǎng de gēn tā gēge bù yíyàng.

단순동등 비교구문은 '一样' 뒤에 동사(구)나 형용사(구)를 더해서 구체적인 비교결과를 나타내는 확장 형식으로 사용할 수도 있습니다.

▶ 今天跟昨天一样热。 오늘은 어제와 똑같이 덥다.
　Jīntiān gēn zuótiān yíyàng rè.

▶ 我的年纪跟他一样大。 내 나이는 그와 마찬가지로 많다.
　Wǒ de niánjì gēn tā yíyàng dà.

▶ 我跟他一样喜欢吃中国菜。 나는 그와 마찬가지로 중국 요리를 먹는 것을 좋아한다.
　Wǒ gēn tā yíyàng xǐhuan chī Zhōngguócài.

身高 shēngāo 명 신장, 키

2. 유사동등 비교구문

유사동등 비교구문은 '~만큼 ~하다'라는 의미를 나타내는 비교구문으로, 'A+有+B(+这么/那么)+C' 형식을 사용합니다. 정도를 나타내는 '这么/那么'는 생략할 수 있지만 사용하는 것이 더 일반적입니다.

▶ 儿子有爸爸那么高。　아들은 아빠만큼 그렇게 (키가) 크다.
　　Érzi yǒu bàba nàme gāo.

▶ 今天有昨天那么热。　오늘은 어제만큼 그렇게 덥다.
　　Jīntiān yǒu zuótiān nàme rè.

▶ 你的房间有我的房间这么干净吗?　네 방은 내 방만큼 이렇게 깨끗하니?
　　Nǐ de fángjiān yǒu wǒ de fángjiān zhème gānjìng ma?

유사동등 비교구문의 부정 형식은 'A+没有+B(+这么/那么)+C'로, 'A는 B만큼 ~하지 않다'는 의미를 나타냅니다.

▶ 你的衣服没有我的漂亮。　네 옷은 내 옷만큼 예쁘지 않다.
　　Nǐ de yīfu méiyǒu wǒ de piàoliang.

▶ 我汉语说得没有他那么好。　나는 중국어를 그만큼 잘하지 못한다.
　　Wǒ Hànyǔ shuō de méiyǒu tā nàme hǎo.

04 연습 문제

1. 녹음을 듣고 알맞은 답을 고르세요. 13-08

   (1) 现在上下班的时候，我坐什么？

   ❶ 坐地铁   ❷ 坐公交车   ❸ 骑自行车

   (2) 搬家前我发现了什么？

   ❶ 以前的文具   ❷ 以前的相册   ❸ 爸爸的相片

2. 녹음을 듣고 질문의 답안과 일치하면 ○, 틀리면 ✕를 표시하세요. 13-09

   (1) 我的想法跟你不一样。

   (2) 我的房间有你的房间那么干净。

   (3) 坐公交车比坐地铁快。

3. 사진을 보고 상황에 맞게 대화를 완성해 보세요.

(1)

A: 儿子个子高吗？

B: _____
   ('有……那么' 사용)

(2)

A: 你喜欢吃中国菜吗？

B: _____
   ('跟……一样' 사용)

4. 다음 문장을 중국어로 써 보세요.

(1) 내 생각은 너와 같다.

> _____

(2) 그의 의견은 다른 사람과 다르다.

> _____

(3) 오늘은 어제와 똑같이 덥다.

> _____

(4) 이 옷은 저것만큼 그렇게 예쁘지 않다.

> _____

(5) 나는 그와 마찬가지로 중국 요리를 먹는 것을 좋아한다.

> _____

5. 다음 단어 및 구를 어순에 알맞게 배열(첫 단어로 시작)해 보세요.

(1) 那儿 / 条件 / 一样 / 跟 / 不 / 。

> 这儿的 _____

(2) 跟 / 长 / 他哥哥 / 得 / 一样 / 。

> 他 _____

(3) 冷 / 昨天 / 有 / 那么 / 。

> 今天 _____

(4) 差不多 / 明天 / 也 / 和 / 。

> 今天 _____

(5) 高 / 爸爸 / 那么 / 了 / 有 / 已经 / 。

> 弟弟 _____

중국 문화

중국에서 이사하기

✦ 방 구하기와 계약하기

중국에서 방을 구할 때는 한국과 마찬가지로 직접 부동산을 방문하거나, '我爱我家', '链家 liàn jiā' 등의 앱을 통해 원하는 집을 미리 검색하고 방문하는 방법이 있다. 요즘에는 부동산 중개소와 앱이 연계된 경우가 대부분이라 앱을 통해 중개인과 약속을 정하고 둘러볼 집에서 바로 만나는 것이 일반적이다.

다양한 租房 zū fáng 앱

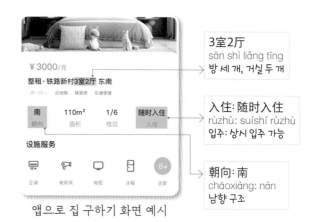

앱으로 집 구하기 화면 예시

3室2厅
sān shì liǎng tīng
방 세 개, 거실 두 개

入住: 随时入住
rùzhù: suíshí rùzhù
입주: 상시 입주 가능

朝向: 南
cháoxiàng: nán
남향 구조

중국에는 한국의 전세 제도가 없기 때문에 집을 매입하거나 월세로 계약할 수 있다. 집을 계약할 때는 세입자가 부동산 중개인에게 한 달 치 월세 혹은 월세의 일정 비율을 수수료로 지불한다. 집을 계약하는 것은 签合同 qiān hétong 이라고 하며, 계약할 때는 한 달 치 월세를 보증금으로 집주인에게 지불한다. 계약 기간이 끝나 이사할 때 파손된 물건이 있는지, 공과금 처리가 잘 되었는지에 따라 보증금에서 일부 금액을 제하므로 이사하기 전에 미리 집 상태를 꼼꼼히 살피고 문제가 있는 경우는 바로 집주인에게 이야기해 두는 것이 여러모로 유리하다.

중국에서 집을 구매할 때 한국과 또 다른 점은 중국의 부동산 계약에는 공간 면적만 포함되고 내부 인테리어는 별도라는 점이다. 집을 구입해서 새로 들어갈 사람이 집 안 구조 공사와 인테리어를 직접 해야 하는 점이 한국과 다르다. 그래서 중국에서는 같은 동의 같은 평수 아파트라고 해도 집주인의 취향에 따라 내부 구조와 인테리어가 모두 다른 점이 특징이다.

✦ 이사하고 새집에 적응하기

이사를 중국어로는 搬家라고 하고, 이 삿짐센터는 搬家公司라고 한다. 중국 에서 외국인은 반드시 체류 등록을 해야 하는데, 호텔이나 학교 숙소에서는 자동으로 등록이 되지만 따로 집을 구해 살 경우는 등록 신고(住宿登记 zhùsù dēngjì)를 직접 해야 한다. 도심지역은 24시간 이내, 산간지역은 72시간 이내에 관할 지역 파출소에 신고를 해야 하는데, 이때 필요한 서류 중에는 집주인의 신분증이 필요하므로 계약하는 과정에서 미리 집주인에게 동의를 구하는 것이 좋다. 지역에 따라 직접 방문하지 않고 QR 코드로 등록이 가능한 곳도 있으니 미리 확인해 볼 필요가 있다.

이사 후 등록 신고까지 마치고 나면 새

外国人住宿登记表
Accommodation Registration Form for Foreign Nationals

英文姓 Surname		英文名 Given Name		中文姓名（选 填）Name in Chinese(If Any)	
性别 Sex	男(M)○ 女(F)○	国籍 Nationality		职业 Occupation	
出生日期 Date of birth	日 月 年 dd mm yy	身份证件 Passport/Certificate of Identification	种类 Type		
			号码 No		
停（居）留证件 Visa/Resident Permit	种类 Type	有效期限 Validity			
	号码 No	签证机关 Issued by			
来华事由 Purpose of Stay in China		工作机构 Employer			
入住日期 Move-in Date	日 月 年 dd mm yy	拟离开日期 Date of Departure		日 月 年 dd mm yy	
住房种类 Type of Accommodation	宿舍 Dormitory○ 居民家 Home Stay○ 出租房屋 Rented House○ 自购房屋 Self-purchased House○ 其他 Others○				
住址 Address		本人联系电话 Telephone Number			
房东姓名 Name of Home Owner		房东身份证号码 ID No of Home Owner			
		房东电话 Home Owner s Telephone Number			
紧急情况下的联系人 Contact in Emergency		联系电话 Telephone Number			
备注 Remarks					

환경에 안착할 준비를 거의 마친 것이다. 아파트에 거주한다면 관리비를 내야 하는데, 한국처럼 매월 지불하는 방식이 아니라 중국에서는 6개월이나 1년 단위로 관리비를 지불한다. 또 한 가지 한국과 다른 점은 중국의 관리비에는 전기 요금이나 수도 요금 등이 포함되지 않는다는 점이다. 수도, 전기, 가스 요금은 세대마다 사용한 만큼의 요금을 후불제로 납부하는 방식이다.

그럼, 중국 아파트의 관리비는 어떤 명목으로 지불해야 하는 걸까? 중국 아파트의 관리사무소는 物业服务中心 wùyè fúwù zhōngxīn 이라고 하는데, 보통은 '物业'라고 줄여서 부른다. 만약 집에 문제가 생겼을 때 물품 교체가 필요하거나 비교적 큰 문제인 경우는 집주인(房东)에게 직접 연락해서 처리해야 하지만, 그 밖에 소소한 문제들은 관리사무소의 도움을 받을 수 있다.

▲ 관련 단어 및 표현

단어 및 표현	발음	뜻
房东	fángdōng	집주인
维修	wéixiū	보수(하다)
押金	yājīn	보증금
月租	yuè zū	월세
装修	zhuāngxiū	인테리어(하다)

▲ 알아 두면 유용한 표현

뜻	중국어 표현
전구가 다 됐어요. 교체해 주세요.	灯泡坏了，换一下灯泡。 Dēngpào huài le, huàn yíxià dēngpào.
엘리베이터가 고장 났어요.	电梯坏了。 Diàntī huài le.
변기가 막혔어요. 뚫어 주세요.	马桶堵了，通一下马桶。 Mǎtǒng dǔ le, tōng yíxià mǎtǒng.
문이 잠겼어요.	门被反锁了。 Mén bèi fǎnsuǒ le.
벽에 금이 갔어요.	墙壁破裂了。 Qiángbì pòliè le.
수도꼭지에서 물이 샙니다.	水龙头漏水了。 Shuǐlóngtóu lòu shuǐ le.

제14과

복습

-제8~13과-

단어 · 문장 · 주요 표현

단어 확인 학습

» 빈칸에 알맞은 단어나 汉语拼音 또는 뜻을 채워 보세요.

제8과

	단어	汉语拼音	뜻
1		shùnbiàn	부 ~하는 김에
2		jiǎndān	형 간단하다, 단순하다
3		guān//mén	동 문을 닫다, 폐점하다
4		lājī	명 쓰레기
5		xǐshǒujiān	명 화장실
6	懂事		형 사리를 분별하다, 철들다
7	腻		동 싫증나다, 물리다
8	糖		명 설탕
9	趁		전 (때·기회를) 이용해서, 틈타서
10	性能		명 성능
11	趟	tàng	
12	扫除	sǎochú	
13	刚才	gāngcái	
14	扔	rēng	
15	收	shōu	

제9과

	단어	汉语拼音	뜻
1		xiāoxi	명 소식, 기사
2		hòuhuǐ	명 동 후회(하다)
3		gēnjù	전 ~에 따르면, ~에 근거하면

4		jīngyàn	명 동 경험(하다)
5		jìxù	명 동 계속(하다)
6	松气		동 긴장을 풀다, 한숨(이) 놓이다 松口气
7	过敏		동 ~에 알레르기 반응을 보이다
8	堵		동 막다, 막히다
9	吓		동 놀라다, 무서워하다
10	由于		전 ~때문에, ~로 인하여
11	了解	liǎojiě	
12	推荐	tuījiàn	
13	采访	cǎifǎng	
14	谦虚	qiānxū	
15	幽默	yōumò	

제10과

	단어	汉语拼音	뜻
1		hézuò	명 동 협력(하다), 합작(하다)
2		tígāo	동 향상시키다, 제고하다
3		huánjìng	명 환경
4		tèdiǎn	명 특징, 특성
5		chuántǒng	명 전통
6	逛街		동 거리를 구경하며 거닐다, 아이쇼핑하다 逛逛街
7	帮助		명 도움 동 돕다
8	减肥		동 다이어트하다

9	热闹		형 번화하다, 시끌벅적하다
10	传承		명 동 전승(하다), 계승(하다)
11	除了	chúle	
12	坚持	jiānchí	
13	上班族	shàngbānzú	
14	视频	shìpín	
15	意义	yìyì	

제11과

	단어	汉语拼音	뜻
1		bǎochí	동 지키다, 유지하다
2		zōnghé	동 종합하다
3		xuǎn	동 고르다, 선택하다
4		bǔchōng	동 보충하다
5		dàibiǎo	명 동 대표(하다)
6	食物		명 음식물, 식품
7	怕		동 무서워하다, 근심하다
8	碰		동 부딪치다, 마주치다
9	森林		명 숲, 삼림
10	同事		명 직장 동료, 동업자
11	钢琴家	gāngqínjiā	
12	化妆品	huàzhuāngpǐn	
13	不但	búdàn	

14	香蕉	xiāngjiāo	
15	含有	hányǒu	

제12과

	단어	汉语拼音	뜻
1		xìngqù	명 흥미, 관심
2		zhèngmíng	명 증명서 동 증명하다
3		jǔxíng	동 거행하다, 개최하다
4		hǎoyùn	명 행운
5		hūnlǐ	명 결혼식
6	象征		명 동 상징(하다)
7	翻译		동 번역하다, 통역하다
8	添加		동 첨가하다, 보태다
9	启事		명 공고, 광고
10	卫生		형 위생적이다, 깨끗하다
11	报名表	bàomíngbiǎo	
12	简历	jiǎnlì	
13	签约	qiān//yuē	
14	招聘	zhāopìn	
15	少数民族	shǎoshù mínzú	

제13과

	단어	汉语拼音	뜻
1		cuòguò	동 놓치다
2		chǎo//jià	동 다투다, 말다툼하다
3		zàochéng	동 만들다, 야기하다
4		zhēnxī	동 소중히 여기다
5		dìtú	명 지도
6	转眼		동 눈을 돌리다, 눈을 깜짝하다
7	相册		명 앨범, 사진첩
8	反正		부 어차피, 어쨌든
9	委屈		형 억울하다
10	高峰时间		러시아워
11	却	què	
12	口头禅	kǒutóuchán	
13	要紧	yàojǐn	
14	忽然	hūrán	
15	超过	chāoguò	

문장 확인 학습

>> 각 문장의 빈칸에 알맞은 문장이나 汉语拼音 또는 뜻을 채워 보세요.

제8과

문장	汉语拼音	뜻
她从地上捡起来一台手机。		
我现在去一趟便利店。		
上海你来过几回?		
	Nǐ de yǔsǎn dài huílái le.	
	Wǒ dìdi suīrán niánjì xiǎo, dànshì hěn dǒngshì.	
	Tā bǎ chē kāi huí jiā qù le.	

제9과

문장	汉语拼音	뜻
看完那部电影，我感动得流下了眼泪。		
根据我的经验，办那件事需要一个星期。		
他汉语说得很流利。		
	Tā wèi nà jiàn shì gǎndào fēicháng shīwàng.	
	Tā sōng le yì kǒu qì, ránhòu lùchū le wēixiào.	
	Ànzhào xuéxiào guīdìng, nǐ bìxū jīnnián bì yè.	

제10과

문장	汉语拼音	뜻
请你继续说下去。		
他的病慢慢儿好起来了。		
和中国人聊天儿对提高口语水平很有好处。		
	Wǒmen de chuántǒng wénhuà hái yào jìxù chuánchéng xiàqù.	
	Zhè liàng chē wǒ xiū le hǎojǐ cì le.	
	Lǐ Lì duì měi ge rén dōu hěn rèqíng.	

제11과

문장	汉语拼音	뜻
听说他有一个朋友上北京大学。		
这种产品不但质量好，而且价格也便宜。		
她请我来她家吃饭。		
	Wǒmen bān méi yǒu rén dǒng Xībānyáyǔ.	
	Wǒmen xuǎn tā dāng dàibiǎo.	
	Tā yǒu yí ge háizi hěn kě'ài.	

제12과

문장	汉语拼音	뜻
我把照片发给我妈妈。		
我没把妹妹送到机场。		
这不是我的衣服， 而是你的衣服。		
	Nǐ kěyǐ bǎ zhèr dàngzuò zìjǐ de jiā.	
	Wǒ hái méi bǎ zhè ge WORD wénjiàn zhuǎnhuànchéng PDF wénjiàn.	
	Wǒ bǎ zuòyè jiāogěi lǎoshī le.	

제13과

문장	汉语拼音	뜻
这儿的条件跟那儿一样。		
她妹妹有她那么可爱。		
他考得跟我一样好。		
	Zuò gōngjiāochē méiyǒu zuò dìtiě nàme kuài.	
	Tā de niánjì gēn wǒ bù yíyàng.	
	Nǐ de yīfu méiyǒu wǒ de piàoliang.	

주요 표현 확인 학습

>> 보기에서 알맞은 한자를 찾아 문장을 완성해 보세요.

제8과

　　来　　趙　　但是　　虽然　　从　　回

① 她＿＿＿＿＿＿桌子上拿起来一些资料。　그녀는 책상 위에서 일부 자료를 집어 들었다.

② 他的故事我听过两＿＿＿＿＿＿。　나는 그의 이야기를 두 번 들었다.

③ 我现在去一＿＿＿＿＿＿洗手间。　나는 지금 화장실에 다녀오려 한다.

④ 那家餐厅的菜＿＿＿＿＿＿不便宜，可是味道非常不错。
그 레스토랑의 요리는 싸지 않지만, 맛이 아주 좋다.

⑤ 那台笔记本价格虽然贵一点儿，＿＿＿＿＿＿性能确实很好。
그 노트북은 비록 가격이 좀 비싸지만, 성능은 확실히 좋다.

⑥ 他跑进宿舍＿＿＿＿＿＿了。　그는 기숙사로 뛰어 들어왔다.

제9과

　　由于　　为　　一口　　得　　根据　　所以

① 他＿＿＿＿＿＿那件事感到非常后悔。　그는 그 일 때문에 매우 후회했다.

② ＿＿＿＿＿＿调查，现代的年轻人每天玩儿五六个小时的手机。
조사에 의하면, 현재 청년들은 매일 대여섯 시간씩 휴대폰을 한다.

③ 她喝了＿＿＿＿＿＿茶，又继续讲故事。　그녀는 차를 한 모금 마시고, 다시 이야기를 계속했다.

④ 汤姆讲＿＿＿＿＿＿大家都笑了。　톰의 이야기에 모두가 웃었다.

⑤ ＿＿＿＿＿＿一部电影，我喜欢上了他。　영화 한 편으로 인해 나는 그를 좋아하게 되었다.

⑥ 因为我已经吃过饭了，＿＿＿＿＿＿不能和你一起吃饭。
나는 이미 밥을 먹어서, 너와 함께 밥을 먹을 수 없다.

제10과

　　　　　对　　　和　　　好几　　　下去　　　起来　　　想

① 最近那条街热闹 _____ 了。　요즘 그 거리는 번화하기 시작했다.

② 这项工作还要继续干 _____ 。　이 프로젝트는 계속 해 나가야 한다.

③ 每天锻炼身体 _____ 减肥很有好处。　매일 운동하면 다이어트에 매우 좋다.

④ 我 _____ 和你们俩一起爬山，可以吗?
나는 당신 둘과 같이 등산하고 싶은데, 괜찮나요?

⑤ 那部电影我都看了 _____ 遍了。　그 영화를 나는 여러 번 보았다.

⑥ 我不想 _____ 你说话。　나는 너와 말하고 싶지 않다.

제11과

　　　　　有　　　认　　　不但　　　听说　　　没有　　　而且

① _____ 他有一个朋友是钢琴家。
듣자 하니 그는 피아니스트인 친구가 한 명 있다고 한다.

② 我们班 _____ 人不喜欢他。　우리 반에 그를 좋아하지 않는 사람이 아무도 없다.

③ 他 _____ 会说英语，而且会说汉语。
그는 영어를 할 줄 알 뿐만 아니라, 중국어도 할 줄 안다.

④ 听说他 _____ 一个同事非常热情。
듣자 하니 그는 매우 열정적인 동료가 한 명 있다고 한다.

⑤ 这种产品不但质量好， _____ 价格也便宜。
이런 상품은 품질이 좋을 뿐만 아니라, 가격도 저렴하다.

⑥ 我 _____ 你做老师。　나는 너를 선생님으로 인정한다.

　　　　没　　而是　　把　　给　　到　　不是

① 我出生的地方不是北京，_____ 上海。　내 출생지는 베이징이 아니라, 상하이다.

② 他把车开_____门口了。　그는 차를 입구까지 운전했다.

③ 我还_____把报名表送到办公室去。
나는 아직 참가 신청서를 사무실에 보내지 않았다.

④ 这个歌手_____韩国人，而是中国人。　이 가수는 한국인이 아니라, 중국인이다.

⑤ 我已经_____朋友送到火车站了。　나는 이미 친구를 기차역까지 데려다줬다.

⑥ 你把作业交_____老师了吗?　너 숙제를 선생님께 제출했니?

제13과

보기　　　　得　　有　　一样　　那么　　跟　　没有

① 她的性格_____妈妈不一样。　그녀의 성격은 엄마와 다르다.

② 他的房间_____你的房间那么干净。　그의 방은 너의 방만큼 깨끗하다.

③ 这次考试成绩没有上次_____好。　이번 시험 성적은 지난번만큼 그렇게 좋지 않다.

④ 他的身高跟你_____。　그의 키는 너와 같다.

⑤ 我汉语说得_____他那么好。　나는 중국어를 그만큼 그렇게 잘하지 못한다.

⑥ 他回答_____跟你一样准确。　그는 너랑 똑같이 정확하게 대답했다.

독해
해석

확인 학습 &
연습 문제 & 복습
정답

독해 해석

제1과

독해1

개강 첫날, 리우 선생님은 학생들에게 자기 소개를 시켰습니다. 스즈키 소노코는 "여러분, 안녕하세요! 저는 스즈키 소노코라고 하고, 일본에서 왔어요. 여러분을 알게 되어 기뻐요."라고 말했습니다. 김윤서는 "저는 김윤서이고, 한국인입니다. 저는 작년에 중국에 왔습니다. 겨울방학에 한국에 돌아가지 않고, 중국에서 지냈습니다. 이번 학기 우리 함께 파이팅 해요!"라고 말했습니다. 학우들이 소개할 때, 후안이 교실 문을 열고 걸어 들어왔습니다. 리우 선생님은 그에게도 자기 소개를 시켰습니다. 후안은 "저는 스페인 사람이고, 후안이라고 합니다. 저는 버스를 타고 왔습니다. 아침에 제 휴대폰을 잃어버렸는데, 제 휴대폰은 도둑이 훔쳐 간 게 아니라, 제가 실수로 잃어버린 거예요. 나중에 저는 휴대폰을 찾았는데, 버스에서 찾았습니다. 그래서 지각했습니다. 정말 죄송합니다. 앞으로 다시는 지각하지 않겠습니다."라고 했습니다. 그의 소개를 듣고, 학우들은 모두 웃었습니다.

독해2

새옹지마

옛날에 새옹이라 불리는 노인이 있었는데, 그는 많은 말을 길렀습니다. 어느 날, 말 한 필을 잃어버렸습니다. 그는 여기저기 찾아다녔지만 찾지 못했습니다. 이웃들이 이 일을 듣고, 모두 노인에게 와서 "말을 어쩌다 잃어버린 거요?"라고 물었습니다. 노인은 이리저리 생각하다 고개를 저으며 "나도 어떻게 잃어버린 건지 모르겠소."라고 말했습니다. 이웃들 모두 그를 위로하며 "너무 조급해하지 말고, 건강에 신경 쓰세요."라고 말했습니다. 새옹은 이웃들의 말을 듣고 "걱정하지 마시오. 말을 잃어버린 것이 어쩌면 좋은 일 일지도요."라고 말했습니다.

며칠이 지나 새옹은 갑자기 밖에서 말 울음소리를 들었습니다. 그가 나가보니 잃어버렸던 말이 다시 돌아왔고, 다른 좋은 말 한 필도 데리고 온 것을 발견했습니다. 이웃들이 또 달려와서 이것저것 물었습니다. "댁의 말이 어떻게 돌아왔소? 이 좋은 말 한 필은 또 어떻게 온 거요?" 이웃들 모두 그를 축하해 주었지만, 그는 다시 고개를 저으며 말했습니다. "공연히 좋은 말 한 필을 얻었으니, 이 역시 반드시 좋은 일이라고 할 수는 없을 것이오."

몇 달 후, 새옹의 아들이 말을 타다가 실수로 말에서 떨어져 다리가 부러졌습니다. 이웃들은 다시 와서 물었습니다. "당신 아들은 어쩌다 다리가 부러졌소?" 새옹은 또 말했습니다. "별일 아니오. 이것이 어쩌면 행운일지도요."

곧 전쟁이 시작되었고, 새옹의 아들은 다리가 부러졌기 때문에 군인이 될 수 없었습니다. 전쟁이 계속 되었고, 군에 간 사람들은 거의 대부분 사망했지만, 오직 새옹의 아들만이 목숨을 건졌습니다.

제2과

독해1

톰은 반 고흐의 그림을 좋아하는데, 반 고흐의 그림 중 그가 가장 좋아하는 것은 〈고흐의 방〉입니다. 고흐의 방에는 가구가 많지 않고, 침대 하나, 의자 두 개와 작은 테이블 하나만 놓여 있습니다. 침대는 보기에는 그다지 크지 않고, 침대 위에는 베개 두 개와 이불이 놓여 있습니다. 알고 보니 이것은 2인용 침대였군요. 테이블에는 컵, 물병 등이 놓여 있습니다. 벽에는 여러 가지가 걸려 있습니다. 침대 옆 벽에는 그림 몇 점이 걸려 있고, 옷 몇 벌과 모자 하나가 걸려 있습니다. 문 옆에는 수건과 거울이 걸려 있습니다. 침실에는 창문도 하나 있는데, 자세히 보면 창문이 닫혀 있지 않고 열려 있는 것을 알 수 있습니다.

톰은 가구의 색깔, 벽의 색깔, 창문의 색깔이 모두 특별해서 사람들로 하여금 매우 편안함을 느끼게 한다고 생각했습니다. 반 고흐의 〈고흐의 방〉을 볼 때면, 두뇌에 휴식을 얻을 수 있습니다.

독해2

나는 어디로 갔지?

옛날에 어리석은 경찰이 있었습니다. 어느 날 그는 임무를 하나 받았습니다. 그 임무는 바로 범인 한 명을 다른 지역으로 호송하는 것인데, 그 범인은 스님이었습니다. 경찰은 자신이 뭔가 잊어버릴까 봐 염려되어 계속해서 스스로에게 말했습니다. "가방에는 열쇠가 있고, 손은 스님을 잡고 있다." 그는 또 자신을 짚어 보며 "그리고 나도 있지."라 말하고 그리고 나서 그들은 출발했습니다.

가는 길에 경찰은 걸어가면서 스스로에게 물었습니다. "가방 안에 열쇠가 있지. 가방에 무엇이 빠졌을까?"

"아니, 열쇠는 가방 안에 있어."

"손은 스님을 잡고 있지."

"좋아, 스님도 있지."

"또 뭐가 빠졌을까?" "아주 좋아, 나도 있잖아."

이때 스님은 깨달았습니다. "알고 보니 이 경찰은 정말 멍청하구나."

저녁에 그들은 한 식당에 도착했습니다. 저녁밥을 먹을 때 스님은 일부러 경찰에게 술을 많이 마시게 했고,

경찰은 술을 많이 마시고는 의자에 누워 잠들었습니다. 스님은 경찰이 잠든 것을 본 후, 열쇠를 꺼내 자물쇠를 열고 나서 경찰의 머리를 모두 밀었습니다.

다음 날, 경찰이 일어나서는 또 자신에게 말하기 시작했습니다. "가방 안에는 열쇠가 있고……" "손은 스님을 잡고 있고…… 아이고! 스님이 없어졌구나!" 잠시 후, 그는 자신의 머리를 짚어보고는 또 신나서 말했습니다. "아주 좋아! 스님이 아직 있구나." "이런! 그런데 나는 어디로 갔지?"

제3과

독해1

드디어 주말이 되었습니다. 스즈키 소노코는 영화를 보러 갈 예정입니다. 영화관에 도착해서 그녀는 콜라 한 잔을 사고, 팝콘 한 통을 더 샀습니다. 영화 시작 전까지 아직 30분 남짓 남았고, 그녀는 시간이 아직 이르다고 생각해 의자에 앉아 팝콘을 먹으며 휴대폰을 봤습니다. 그런데 실수로 팝콘을 바닥에 쏟아서, 할 수 없이 팝콘 한 통을 또 사러 갔습니다.

그녀는 콜라와 팝콘을 들고 상영관으로 들어가서 좌석 번호에 따라 자리를 찾았는데, 다른 사람이 그 자리에 앉아 있었습니다. 그녀는 영화표를 꺼내 이리저리 확인해 봤는데, 틀림없습니다! 그래서 그녀는 그 사람에게 말했습니다. "실례지만, 이 자리는 제 자리예요. 다시 한 번 확인해 보세요." 그 사람은 서둘러 영화표를 꺼내 확인해 본 후 말했습니다. "아! 제 자리는 뒷줄이네요. 정말 죄송합니다!"

비록 오늘 여러 가지 순조롭지 못한 일들이 있었지만, 스즈키 소노코는 영화가 재미있다고 생각했습니다. 그녀는 다음 주에 다시 한 번 더 볼 계획입니다.

독해2

고양이에게 방울 달기

한 무리의 쥐들이 부잣집에 살았습니다. 그들은 아침에 옥수수를 훔치고, 저녁에 또 옥수수를 훔치며, 매일 누워서 훔쳐 온 것을 먹었습니다. 옥수수를 다 먹고 나면 다시 주인집의 고급 와인을 마시며 아주 편하게 살고 있었습니다. 어느 날, 주인집에 고양이 한 마리가 왔습니다. 이 고양이는 주인이 데려온 게 아니라, 친구가 준 것이었습니다. 고양이는 검은색인데, 눈도 검은색이라 무서워 보였습니다. 게다가 이 고양이는 쥐를 잡는 명수였습니다. 그 이후로 쥐들은 옥수수를 훔치기 어려워졌고, 생활은 갈수록 어려워졌습니다.

그래서 쥐들은 다 같이 모여 어떻게 해야 할지 의논했습니다. 그러나 아무도 좋은 방법이 없었습니다. 나이가 가장 많은 쥐가 "그럼 여러분 모두 잘 생각해 보고, 저녁 식사 후 다시 회의를 열어 논의합시다."라고 말했습니다. 밤이 되자, 쥐들은 다시 모였습니다. 총명해 보이는 쥐가 일어서서 말했습니다. "우리 고양이 목에 방울을 답시다. 이렇게 하면 고양이가 움직일 때마다 방울이 소리를 내서 우리가 도망치기 쉬워질 거예요." 다른 쥐들은 모두 그에게 "당신이 가장 똑똑하군요. 그거 정말 좋은 생각이네요!"라며 박수를 보냈습니다.

이때, 가장 어린 쥐가 작은 소리로 말했습니다. "그런데 누가 가서 방울을 달죠?" 쥐들은 또 실망하며 말했습니다. "아이고, 이 방법은 안 되겠네요. 우리 다시 다른 방법을 좀 생각해 봅시다."

제4과

독해1

오늘 수업 시간에 리우 선생님께서는 우리에게 수수께끼를 알아맞혀 보라고 하셨습니다. 수수께끼는 모두 두 개인데, 여러분도 같이 알아맞혀 보세요.

첫째, "때로는 둥그스름하고 때로는 구불구불하며, 어떤 때는 밤에 나오고 어떤 때는 밤에 보이시 않습니다. 이것은 자연 현상입니다." 둘째, "귀는 길쭉길쭉 꼬리는 짧디 짧으며 눈은 새빨갛고, 이리저리 뛰어다니는 것을 좋아하며, 무를 먹는 것을 좋아합니다. 이것은 동물입니다."

이제 제가 여러분께 이것들이 무엇인지 알려드리겠습니다. 첫 번째는 달이고, 두 번째는 토끼입니다. 여러분 몇 개나 맞추셨나요? 저는 여러분이 분명 다 맞췄을 거라고 생각합니다! 그럼, 제가 여러분께 하나 더 문제를 낼게요. "멀리서 보면 자그맣고 통통하며, 가까이서 보면 새하얗습니다. 매일 예쁘게 단장합니다. 이것은 사람입니다." 누군지 아시겠어요? 이 사람은 올해 겨우 6살입니다. 그녀는 바로 제 여동생이랍니다!

독해2

북쪽 얼음 도시

내일 수업할 때 우리는 각자 도시를 하나씩 소개해야 합니다. 어떤 지역을 소개하면 좋을까요? 나는 잘 생각해 봐야겠습니다.

내가 가본 도시 중 가장 기억에 남는 것은 하얼빈입니다. 작년 겨울 방학에 나는 장옌과 '북쪽 얼음 도시'인 하얼빈에 갔습니다. 하얼빈에 가기 전에, 장옌은 하얼빈은

영하 20도 이하라 정말 추우니 옷을 많이 입어야 한다고 했습니다. 나는 겨울을 좋아하고, 추운 날씨를 좋아해서 분명 문제 없을 것이라고 생각했습니다. 그런데 비행기에서 내리자마자 정말 너무 추웠습니다! 내 얼굴과 손은 모두 얼어서 얼음장같이 차가웠습니다. 영하 20 몇 도는 어쩜 이렇게 추울까요? 나는 옷을 따뜻하게 입어야 해서, 두꺼운 옷을 하나 더 입고, 모자를 쓰고 장갑도 꼈습니다.

비록 날씨는 몹시 추웠지만, 전날 눈이 내려서 도시 전체가 눈처럼 새하얀 것이 정말 아름다웠습니다! 저녁밥을 먹고 우리는 설레는 마음으로 공원에 얼음 등을 보러 갔습니다. 얼음 등은 알록달록해서 매우 예뻤습니다. 가장 기억에 남은 것은 긴 미끄럼틀입니다. 미끄럼틀은 아주 길었는데, 한 마리 용처럼 대략 300여 미터쯤 됐습니다. 내 생각에 아마 세계에서 가장 길 것 같습니다. 미끄럼틀은 미끌미끌해서 나는 장옌의 뒤를 따라 천천히 올라갔습니다. 미끄럼틀 위에서 아래를 보니 아래에 있는 사람들이 다들 자그맣게 보였습니다. 나는 갑자기 긴장되어서 부들부들 떨며 미끄럼틀 앞에 앉았습니다. 장옌이 할 수 있으니, 나도 할 수 있습니다! 와! 너무 빨라요! 아! 내 얼굴은 추워서 새빨개졌지만 너무 재미있었습니다!

이렇게 생각하다 보니, 갑자기 또 하얼빈에 가고 싶네요, 그 긴 미끄럼틀을 타러 가고 싶어요.

제5과

독해1

곧 '5월 1일' 노동절입니다. 이번 연휴에는 무엇을 할까요? 박지민은 계획을 세우기 시작했습니다. 그는 나가서 돌아다니는 것이 집에 있는 것보다 재미있겠다고 생각해서, 만약 별다른 일이 없다면 여행을 가기로 결정했습니다. 이번에는 어디로 갈까요? 그는 여기저기 찾아보다가, 요즘 쯔보시 바베큐가 유명하다는 것을 발견했습니다. 쯔보시는 예전에는 그다지 큰 도시가 아니었지만, 최근 현대적으로 변했다고 해서 그는 쯔보시에 가 보기로 결정했습니다.

혼자서 갈까요, 아니면 패키지 여행팀으로 갈까요? 노동절 기간에는 사람들이 평소보다 훨씬 많아서, 패키지 여행팀으로 가는 것이 혼자 가는 것보다 더 편하겠지만, 혼자 가는 것만큼 자유롭지는 않을 것입니다. 박지민은 혼자 가기로 결정했고, 후에 칭다오에도 가보려고 합니다. 그는 곧 기차표 예매를 시작했는데, 고속 열차(动车)가 가장 좋다고 생각했습니다. (动车는) 일반 기차보다 훨씬 빠른데다가 고속 철도(高铁)만큼 비싸지 않습니다. 하지만 고속 열차 표는 이미 매진되어서 어쩔 수 없이 고속 철도를 예약했습니다. 모두 결정한 후에 그는 신이 나서 말했습니다. "바베큐와 맥주야, 날 기다려라!"

독해2

겨루어 보기

샤오지엔과 샤오캉은 형제인데, 샤오지엔이 샤오캉보다 두 살 더 많습니다. 그들은 매일 같이 놉니다. 어느 날, 그들은 밭에 와서 다른 사람이 채소 심는 것을 보았습니다. 샤오지엔은 말했습니다. "만약 네가 원한다면, 우리도 채소를 심자. 그런 다음에 누구 채소가 더 큰지 겨루어 보자!" 샤오캉은 동의했습니다. "내가 형보다 힘이 세니까, 내가 심은 채소가 분명 더 클 거야!"

샤오지엔이 심은 것은 토마토이고, 샤오캉이 심은 것은 감자입니다. 그들은 매일 물을 주었고, 채소는 천천히 자랐습니다. 샤오캉이 푸릇푸릇한 감자 잎을 가리키며 말했습니다. "형, 봐봐! 내 채소가 얼마나 멋지게 자랐는지!" 샤오지엔도 말했습니다. "토마토도 하루가 다르게 자라고 있어!" 며칠 지나자 꽃이 피었습니다. 샤오캉은 또 말했습니다. "형, 내 감자꽃이 형 토마토꽃보다 훨씬 더 예쁘다!" 또 며칠이 지나 형의 밭에서 크고 빨간 토마토가 자라는 것을 본 샤오캉은 마음이 급해졌습니다. "왜 내 감자는 자라나지 않았지? 내가 졌어……" 샤오지엔은 웃으며 샤오캉에게 말했습니다. "네 감자는 땅속에서 자라는 거야. 못 믿겠으면 우리 같이 가서 땅을 파보자."

그들이 땅을 파자마자 커다란 감자가 나왔습니다.

"샤오캉, 네 감자 진짜 크다! 내 토마토보다 더 커! 네가 이겼어!" "감자는 형이 나를 도와서 찾아주었으니, 제일 큰 걸 형 줄게!"

제6과

독해1

일기예보에서 장마철이 곧 올 거라고 합니다. 올해 장마는 오랫동안 지속될 것이며, 비는 2~3주가량 내릴 예정이니, 시민들에게 미리 대비하라고 예보했습니다. 김윤서도 많은 준비를 했습니다.

장마철에는 공기가 지나치게 습해서 빨래를 해도 잘 마르지 않습니다. 그래서 윤서는 세탁해야 할 옷을 모두 세탁했습니다. 그리고 나서 제습 용품을 사서 옷장과 신발장에 넣고, 신문지도 조금 넣었습니다. 그녀는 장화도 한 켤레 샀는데, 비가 올 때 장화를 신고 외출하면 편리

할 것입니다. 장화는 인터넷으로 구매했는데, 이미 구매한 지 삼 일이 지났으나 아직 받아보지 못했습니다. 신발은 노란색으로 올해 유행하는 색인데, 분명 예쁠 것입니다. 윤서는 매일 그녀의 택배를 기다리면서, 이삼일 후에는 도착할 것이라고 생각했습니다.

독해2
할머니께 드리는 선물
요즘 나는 커피숍에서 아르바이트를 하는데, 벌써 3개월째 일하고 있습니다. 이 커피숍은 손님이 아주 많아 나는 매일 눈코 뜰 새 없이 바빠서, 집에 돌아오면 지칠 대로 지칩니다. 친구들은 나에게 일을 바꾸라고 권하지만, 나는 커피숍에서 일하는 것이 재미있습니다. 게다가 커피숍은 우리 집 바로 옆이라 출퇴근이 무척 편리합니다. 이번 달 월급을 받은 후에 나는 할머니께 선물을 하나 사 드렸습니다.

할머니는 손목시계가 하나 있는데, 이미 수십 년째 차고 계십니다. 요즘 손목시계가 자주 고장이 나서 할머니는 항상 내게 할머니를 도와 손목시계를 가지고 가서 수리해 달라고 부탁하십니다. 나는 할머니께 "할머니, 이 손목시계는 그만 차시고 새 걸 하나 사세요."라고 권했습니다. 할머니는 "이 손목시계는 네 할아버지가 내게 선물해 준 것이란다. 벌써 30년 넘게 차고 있는지라 이젠 습관이 됐단다."라고 말씀하셨습니다.

오늘 퇴근 후에 나는 할머니 댁에 갔습니다. "할머니, 제가 할머니께 뭘 사 왔는지 보세요." "또 뭘 샀니?" "스마트워치에요! 시간을 볼 수도 있고, 전화를 받으실 수도 있어요. 그리고 날씨를 볼 수도 있고, 혈압을 재실 수도 있어요. 정말 편리해요!" "고맙다! 날 위해 돈 쓰지 말고, 너 자신한테 필요한 걸 사거라." "저는 이미 절 위해 많은 걸 샀어요. 할아버지께서 주신 손목시계는 잘 보관하시고, 앞으로는 이걸 차시는 게 어때요?" "알았다! 고맙구나!"

그 날 이후 할머니는 매일 스마트워치의 기능을 연구하셨습니다. 할머니가 이 선물을 좋아하셔서, 나도 무척 기쁩니다.

제8과

독해1
봄이 가고 여름이 다가오고 있습니다. 옷과 이불 등을 교체해야 해서, 오늘 왕밍은 이 기회를 이용해 대청소를 하기로 결정했습니다. 그는 한나절 동안 바빴고, 이제 소파에 앉아 쉬고 나서 오늘 한 일과 해야 할 일들을 정리

했습니다.

> **한 일:**
> ☑ 봄옷 정리한 후 치워놓았음
> ☑ 여름옷과 이불 꺼냈음
> ☑ 책장의 책 꺼내 놓고, 책장 한 번 정리했음
> ☑ 쓰레기 두 번 내버리고 왔음
>
> **할 일:**
> ◯ 이불 빨래방에 가져가기
> ◯ 강아지 데리고 산책하러 나가기
> ◯ 밀크티 한 잔 사 오기

왕밍은 "해야 할 일이 아직 많네. 이불을 세탁하는 김에 강아지를 데려가 산책시키고, 돌아오는 길에 밀크티 한 잔 사야지. 정말 완벽한 계획이야! 지금 바로 가야겠다!"라고 생각합니다.

독해2
장옌의 토마토달걀볶음
여러분, 어제 제가 슈퍼에 갔다가 토마토 다섯 근을 사왔어요. 여름 토마토가 제일 맛있잖아요! 그리고 토마토는 익히면 영양가가 더 높아져요. 그래서 오늘 제가 여러분께 간단한 중국요리인 토마토달걀볶음 만드는 법을 알려드릴게요.

냉장고에서 토마토 5개, 달걀 4개를 꺼내세요. 먼저 토마토를 씻을 건데, 두 번 정도 씻으면 됩니다. 그 다음 토마토 위에 십자로 칼집을 내주세요. 냄비에 물을 좀 붓고, 물이 끓으면 토마토를 모두 넣은 다음 30초 후에 다시 토마토를 꺼내주세요. 이렇게 하면 껍질이 쉽게 벗겨진답니다. 토마토는 작게 깍둑썰기 하고, 달걀을 풀어 놓으면 모든 재료가 준비된 거예요.

이제 요리를 시작합니다. 냄비에 기름을 조금 두르고, 기름이 달궈지면 달걀을 넣어주세요. 달걀은 모두 잘게 볶고, 다 익으면 용기에 담아주세요. 냄비에 다시 기름을 조금 두르고, 토마토를 넣어 줍니다. 여러분, 몇 가지 주의하셔야 해요. 첫째, 먼저 소금을 조금 넣어주세요. 그러면 토마토에서 물이 잘 나와서 물을 더 넣을 필요가 없어요. 둘째, 설탕은 넣지 않는 게 좋아요. 맛은 더 달지만, 설탕을 넣으면 영양분이 없어집니다. 요즘 토마토는 설탕을 안 넣어도 (넣은 것과) 마찬가지로 맛있어요.

토마토를 거의 다 볶았으면, 다시 방금 볶아 놓은 달걀을 넣어주세요. 이렇게 하면 다 된 거예요. 준비부터 완성까지 10분도 채 안 걸렸어요. 아주 쉽죠? 제가 먼저 맛을 좀 볼게요. 너무 맛있어요! 지난주에도 저는 세 번

이나 만들었는데, 이 요리는 아무리 먹어도 질리지 않네요. 여러분도 해보세요. 맛있으면 '좋아요!'를 눌러주세요!

제9과

독해1

오늘 리우 선생님께서 우리에게 이야기 하나를 들려주셨는데, 이야기는 이렇습니다. 옛날에 용을 매우 좋아하는 한 사람이 있었습니다. 그의 집 문에는 용이 있었고, 창문에도 용이 있었으며, 책상 위에도 용이 그려져 있고, 의자에도 용이 그려져 있었고, 옷에도 온통 용이었습니다. 그는 매일 다른 사람에게 말했습니다. "이 용이 그려져 있는 컵으로 차를 한 모금 마시면 맛이 기가 막힙니다!" "여기 용이 그려진 의자에 앉으면 하루 종일 일어나기 싫을 정도로 편합니다!" 만약 다른 사람이 그에게 용이 그려진 물건을 선물해 주면 그는 기뻐서 어쩔 줄 몰라했습니다.

그가 용을 좋아한다는 소식을 하늘의 진짜 용이 알게 되었습니다. 진짜 용은 "나를 이렇게나 좋아하는 사람이 있을 줄은 몰랐네. 이 일로 나는 정말 감동받았어. 내가 내려가서 이 사람을 좀 봐야겠군."이라고 생각했습니다. 진짜 용은 하늘에서 날아와서 이 사람의 집에 도착해서는 "여보시오! ……"하고 소리쳤습니다. 이 사람은 놀라서 "누가 날 부르는 거요?"라고 물었습니다. "나는 진짜 용이오. 당신이 나를 아주 좋아한다고 해서 내가 당신을 좀 만나러 왔소." 그는 지붕을 보고 진짜 용이 정말로 위에서 자기를 내려다보고 있는 것을 발견하고는 너무 놀라 말을 잇지 못하고 크게 소리를 지르며 도망쳤습니다.

진짜 용은 이 일로 크게 실망하고, 화도 났습니다. 화가 나서 하늘로 날아가서는 다시는 내려온 적이 없습니다.

독해2

나의 우상

위화 사인회 소식을 듣고 나는 기뻐서 잠을 잘 수 없었습니다.

위화는 중국의 유명한 작가인데, 영화 한 편으로 인해 나는 그를 좋아하게 되었습니다. 내가 막 중국어를 배우기 시작했을 때, 중국어 선생님은 중국 영화를 보면 중국을 이해할 수 있다고 하시면서 영화 몇 편을 추천해 주셨습니다. 선생님이 추천해 주신 영화대로 나는 《살아간다는 것》을 보았습니다. 이 영화를 보며 나는 슬퍼서 울었습니다. 이것이 내가 본 영화 중에서 나를 가장 슬프게 한 영화였습니다. 선생님은 내게 이 영화는 위화

의 소설을 바탕으로 찍은 것이라고 알려 주셨습니다. 나는 이 영화가 너무 좋아서 책을 또 보았습니다. 그때 나는 중국어판 《살아간다는 것》을 이해하기 위해서 반드시 열심히 중국어를 공부해야겠다고 다짐했습니다.

차츰 나는 중국어 소설을 이해할 수 있게 되었고, 나는 위화의 다른 소설도 또 읽어보았습니다. 그의 소설은 일단 한번 보기만 하면, 꼭 단숨에 다 봐야 하고 밥도 먹고 싶지 않습니다. 매번 그의 소설을 읽을 때마다 나는 감동 해서 눈물을 흘립니다. 나는 위화의 소설을 좋아하며, 위화도 좋아합니다. 한 인터뷰에서 그는 "제가 아는 글자가 많지 않아서 그런지 나중에 평론가들이 제 언어가 간결하다고 칭찬하더군요."라고 말했습니다. 그의 말을 듣다 보면, 나는 항상 배가 아플 정도로 웃게 됩니다. 그는 정말로 겸손하면서도 유머러스한 작가입니다.

그래서 그의 사인회가 있다는 걸 듣고, 나는 설레서 잠을 잘 수가 없었습니다. 사인회 공지에 따르면, 200명만 참석할 수 있다고 합니다. 나는 일찍 일어나서 꼭 나의 우상을 만나 그의 사인을 받을 것입니다.

제10과

독해1

요 며칠 날씨가 더워지기 시작했습니다. 시청자 여러분 건강에 유의하시길 바랍니다. 오늘 저희가 여러분께 추천해 드릴 것은 노트북입니다. 이 노트북은 메모리가 아주 커서 영화를 볼 수 있고, 동영상을 볼 수 있고, 게임도 할 수 있습니다. 최근에 온라인으로 일을 하거나 학습할 기회가 많아졌는데, 일하거나 공부할 때 큰 스크린을 보면 눈이 아주 피곤하진 않을 거예요. 많은 친구들이 제게 태블릿 PC가 편리하긴 한데, 작은 화면이 눈에는 정말 안 좋다고 하더라고요. 보세요, 태블릿 PC와 이렇게 같이 놓으면 이 노트북 스크린이 정말 크다는 걸 알 수 있죠?

이 밖에 또 어떤 다른 특징이 있을까요? 제가 계속해서 설명할 테니 들어보세요. 이 스크린은 360도로 뒤집을 수 있고, 게다가 PC용 펜슬을 사용하실 수도 있어서 무척 편리합니다. 더 중요한 건 전혀 무겁지 않아서 직장인이나 학생 모두에게 아주 적합하다는 겁니다. 다시 한번 더 가격을 말씀드릴게요. 8,888위안, 이 가격은 오늘 하루만입니다. 수량도 많지 않은데, 현재 35대, 34대, 32대네요! 어서 전화기를 들고 저희에게 전화주세요!

플로깅(plogging)

'플로깅(plogging)'이란 달리면서 쓰레기를 줍는 것입니다. 이는 스웨덴에서 시작된 것으로 '가장 멋진 운동'이라고 불립니다. 참가자는 단지 봉지 하나와 장갑만 필요합니다. 이 운동은 몸 건강에 도움이 되며, 환경 보호에도 도움이 됩니다. 이 운동이 중국에서도 유행하기 시작했습니다.

톰, 후안 등 여러 친구가 나에게 그들과 함께 참여하자고 했는데, 운동은 그다지 힘들지 않아서 어르신이나 어린이들도 모두 참가할 수 있다고 말했습니다. 나도 몇 번이나 그들과 함께 가려고 했었지만, 지난주에야 처음으로 그들과 함께 갔습니다. 우리는 오후 5시 반에 시작했는데, 플로깅에 참가한 사람들은 20~30대 젊은이도 있고, 50~60대 중년층도 있고, 그리고 유치원에 다니는 어린이들도 여러 명 있었습니다. 공원을 걸어서 한 바퀴 돌면 대략 5km 정도 되는데, 달리면 한 시간 정도 소요됩니다. 나는 이미 몇 년 동안 운동을 하지 않아 스스로에 대해 자신이 없었고, 5km를 뛸 수 있을지 알 수 없었습니다. 후안은 천천히 달리면 괜찮으니 서두르지 말라고 말했습니다. 나는 달리면서 쓰레기를 줍다가, 피곤하면 멈춰 서서 옆 사람과 이야기를 나눴는데, 재미가 있어서 5km를 빠르게 마칠 수 있었습니다. 공원의 경치는 매우 아름다웠고, 끝나갈 즈음에는 석양도 봤습니다. 아름다운 풍경을 보며 좋아하는 사람들과 함께 의미 있는 일을 하는 것은 정말 행복했습니다.

이 운동은 건강에도 좋고, 환경에도 도움이 됩니다. 나는 왜 진작 시작하지 않았을까요? 나는 계속해 나가려고 합니다. 주말 마다 시간을 내서 달리기도 하러 가고 쓰레기도 주우러 가려 합니다.

제11과

옛날 숲속에 흉맹한 호랑이 한 마리가 있었습니다. 동물들은 모두 그를 무서워했고, 그를 대왕이라 불렀습니다. 그리고 숲속에는 영리한 여우 한 마리가 있었습니다. 하루는 호랑이가 숲속에서 산책을 하다가 길에서 여우를 마주쳤고, 단숨에 그를 붙잡았습니다. 여우는 자기가 도망칠 방법이 없다는 것을 알고, 한 가지 방법을 생각해 냈습니다. 그가 호랑이게 "당신은 나를 잡아먹을 수 없어요! 옥황상제님이 나를 대왕으로 뽑으셨거든요. 당신이 나를 잡아먹으면, 옥황상제님이 화를 내실 거예요.

못 믿겠으면, 제가 당신을 데리고 숲 속을 한 바퀴 돌아보게 하면서 동물들이 나를 보고 도망 가는지 아닌지 한 번 보세요."라고 말했습니다. 호랑이는 말했습니다. "나는 안 믿어! 모두 나를 대왕으로 여기는데, 어떻게 너일 수가 있느냐? 만약 너를 무서워하는 이가 아무도 없다면 내가 너를 바로 잡아먹어버릴 테다!" 말을 마치고는 곧장 여우를 앞세워 걷게 하고, 자신은 뒤를 따랐습니다.

숲속 동물들은 흉맹한 호랑이가 여우 뒤를 따라오는 것을 보고 모두 바로 도망을 갔습니다. 호랑이는 동물들이 달아나는 것을 보고 여우가 진짜 대왕인 줄 알고, 옥황상제님이 화를 낼까 두려워 그도 바로 도망쳤습니다.

오색 식품

스즈키 소노코가 모두에게 건강을 유지하는 방법인 '오색 식품법'을 소개했습니다. 반에서 이 방법을 아는 사람은 몇 명 없었습니다. 그녀는 식품의 색은 여러 종류가 있는데, 우리가 익숙할 뿐만 아니라 가장 많이 먹는 것은 녹색 식품, 홍색 식품, 황색 식품, 백색 식품, 흑색 식품으로 우리는 이를 '오색 식품'이라고 부른다고 했습니다. 서로 다른 색은 서로 다른 영양분을 함유하고 있습니다.

녹색 식품은 많은 비타민을 함유하고 있습니다. 생활 속 많은 먹거리가 녹색이며, 우리가 가장 많이 먹는 것도 그것입니다. 사람들은 녹색 식품을 '소화제'라고 부르는데, 녹색 식품을 많이 섭취하면 더 많은 영양을 보충할 수 있을 뿐만 아니라, 소화를 도울 수도 있습니다.

홍색 식품도 다양한 비타민을 함유하고 있습니다. 홍색 식품에는 토마토, 빨간 고추 등이 있습니다. 사람들은 홍색 식품을 '보혈제'라고 하는데, 홍색 식품을 많이 먹으면 혈액을 보충할 수 있을 뿐만 아니라, 신진대사도 촉진할 수 있습니다.

황색 식품이 함유한 영양분은 피부를 더 깨끗하게 만들어 주고, 사람을 더 아름다워 보이게 해 줍니다. 그래서 사람들은 황색 식품을 '천연 화장품'이라고 부릅니다. 황색 식품에는 바나나, 호박 등이 있습니다. 황색 식품은 피부에 좋을 뿐만 아니라, 소화도 잘 됩니다.

백색 식품은 우리가 좋은 기분을 유지할 수 있게 할 뿐만 아니라, 면역력도 향상시켜 줍니다. 기분이 별로 안 좋을 때는 백색 식품을 좀 더 섭취해도 됩니다. 흑색 식품은 오색 식품 가운데 색이 가장 짙은 것으로, 사람들은 이를 '종합 비타민'이라고 부릅니다.

스즈키 소노코의 소개를 듣고 나서, 나는 앞으로 매일 이 오색 식품을 먹어야겠다고 생각했습니다. 그렇게 하면 몸에도 좋고, 좋은 기분도 가져다줄 수 있을 것입니다.

제12과

독해1

> ### 채용 공고
>
> 업무 내용:
> - 한국어를 중국어로 번역하거나, 중국어를 한국어로 번역
> - 영화, 드라마에 자막 입히기
>
> 응시 자격:
> - 중국어 및 한국어 능력 시험 증명서
> - 업무에 성실하고 열의를 가진 자
> - 매일 3~4시간 근무 가능한 자
> - 영화 및 드라마 번역 업무 경험자 우대
>
> 응시 절차:
> - 이력서 발송 ▶ 시험 번역 ▶ 계약 체결

박지민은 드라마 보는 것을 좋아하며, 한중 문화 교류에도 무척 관심이 많습니다. 그는 채용 공고를 보았는데, 업무는 영화와 드라마를 번역하는 일이었습니다. 이 아르바이트는 반드시 회사로 출근해야 하는 것이 아니라, 집에서 일할 수 있어서 업무 시간이 비교적 자유롭습니다. 중국에 있는 몇 년 동안 그는 중국어를 공부하는 데 모든 시간을 할애했습니다. 중국어 실력이 높기 때문에 그는 한번 시도해 보고 싶었습니다. 그는 이력서를 회사로 보냈고, 회사와 계약하기를 희망합니다.

독해2

특별한 결혼 풍습

결혼식이라고 하면 사람들은 보통 근사하게 차려입은 신랑과 매우 아름답게 단장한 신부, 결혼식에 참석하러 온 사람들이 다들 즐거워하는 것을 떠올립니다. 하지만 어떤 지역의 결혼식은 이런 식이 아니라 우리가 생각지도 못한 매우 특별한 방식입니다.

스코틀랜드에서는 결혼식을 올리기 하루 전날 신랑이 물속에 앉아 있어야 하는데, 이때 그의 친구들은 그의 다리를 검게 칠합니다. 친구들은 또한 밀가루를 사용해서 신부를 하얗게 칠합니다. 그들은 이렇게 하면 행운을 가져다줄 수 있다고 여깁니다.

불가리아에는 작은 도시가 하나 있는데, 그곳에서는 아무 때나 결혼식을 올릴 수 있는 것이 아니라, 오직 겨울에만 결혼할 수 있습니다. 결혼식 전에 신부의 얼굴을 다른 사람이 봐서는 안 되기 때문에, 사람들은 신부의 얼굴을 하얗게 칠합니다. 만약 눈이 내린다면, 바깥도 온통 새하얘서 결혼식은 더욱 특별해 보입니다.

중국의 소수민족은 민족마다 모두 다른 결혼 풍습이 있습니다. 라후족의 여인들은 결혼식 당일부터 머리를 빡빡 깎습니다. 그들은 삭발이 위생적일 뿐만 아니라, 일을 할 때도 편하다고 생각합니다. 그녀들은 또한 민머리를 아름다움의 상징으로 여깁니다. 투자족의 결혼식은 웃으며 신랑 신부를 축하하는 것이 아니라, 반드시 울어야 하며 게다가 다른 사람을 감동시킬 정도로 울어야 합니다.

이러한 결혼 풍습 모두 매우 특별하지 않나요? 이 크나큰 세상에는 우리가 모르는 것이 정말 많습니다!

제13과

독해1

지금 사는 곳에서 회사까지 버스만 탈 수 있는데, 출퇴근 러시아워에는 차가 정말 많이 막힙니다. 나는 버스 타는 것이 지하철 타는 것만큼 편리하지 않다고 생각해서, 지하철역 근처로 이사하기로 결정했습니다. 이사하기 전에 간단히 물건을 정리하다가, 갑자기 예전 앨범이 보여서 소파에 앉아 천천히 보기 시작했습니다. 유치원 시절부터 대학 때까지 변화가 정말 크네요!

이건 몇 살 때 사진일까요? 내 키는 겨우 책상만큼 컸고, 남동생 왕밍도 겨우 내 어깨 정도로 컸습니다. 나는 남동생이 늘 "나는 누나만큼 빨리 못 달려", "나는 누나만큼 글자를 잘 못 써" 등등을 말하고, 그런 후에 속상해서 울기 시작했던 것을 기억합니다. 그때 우리는 정말 귀여웠어요! 이 사진은 분명 중학교에 다닐 때일 텐데, 남동생은 이미 키가 아빠만큼 자랐습니다. 그의 키가 나를 넘어선 후에는 늘 나를 놀리며 "누나, 누나 키는 나만큼 크지 않으니까, 내 말 잘 들어야 해."라고 말하곤 했습니다. 그때 남동생은 그저 키만 컸지, 사실은 여전히 어린 아이같이 천진했습니다. 어릴 때 우리는 자주 싸웠지만, 지금은 서로를 소중히 여깁니다.

눈 깜짝할 새에 우리는 커버렸습니다. 이 사진들을 보니 어릴 적 살았던 곳이 생각납니다. 그곳이 여전히 예전과 같을지, 그때 우리가 매일 가던 문구점이 여전히 있을지 없을지 모르겠습니다. 나중에 시간이 나면, 꼭 돌아가서 한번 살펴봐야겠습니다.

독해2

대충대충 선생

성은 '차'이고, 이름은 '부둬'라고 불리는 사람이 있었습니다. 다른 사람들은 모두 그를 '대충대충 선생(차 부둬 선생)'이라고 불렀습니다. 대충대충 선생의 입버릇은 "무슨 일을 하든 간에 대충 비슷하게만 하면 되지, 너무

열심히 할 필요는 없어."였습니다.

그가 어렸을 때, 그의 어머니가 그에게 흑설탕을 사오라고 시켰지만, 그는 오히려 백설탕을 사 와서 어머니가 화를 내셨습니다. 그는 억울해하며 "백설탕과 흑설탕은 똑같이 단데, 왜 화를 내세요?"라고 말했습니다. 그가 학교에 다닐 때, 선생님께서 지도를 가리키며 물으셨습니다. "이것은 어느 성입니까?" 그는 섬서성(陝西省 Shǎnxī Shěng)이라고 대답했습니다. 선생님께서는 "틀렸어요. 이것은 섬서성이 아니라 산시성(山西省 Shānxī Shěng)이에요."라고 말씀하셨습니다. 그는 "섬서나 산시나 대충 비슷하잖아요."라고 말했습니다. 그 이후, 그는 일을 하게 되었습니다. 어릴 때와 마찬가지였었기 때문에 무슨 일을 하든지 간에 꼼꼼하지 않고, 자주 '十'자를 '千'자로 쓰고, 또 '千'자를 '十'자로 써서 회사에 적지 않은 손해를 끼쳤습니다.

한 번은 그가 중요한 일을 처리하기 위해 기차를 타고 상하이로 가려 했습니다. 그는 느긋하게 기차역까지 걸어갔으나, 2분 늦게 도착했기 때문에 기차는 이미 떠났습니다. 그는 기차를 놓치고 고개를 가로저으며 "할 수 없이 내일 다시 갈 수밖에 없겠군. 어차피 오늘이나 내일이나 마찬가지잖아. 그런데 기차 회사도 너무 진지하군. 8시 반에 출발하나 8시 32분에 출발하나 거의 비슷한 거 아냐?"라고 말했습니다.

하루는 그가 갑자기 급성 질환에 걸리사, 가족들은 급히 유명한 汪 의사를 모시러 갔습니다. 그러나 汪 의사는 다른 사람을 진찰하러 갔습니다. 그들은 조급해져서 王 의사를 모셔왔습니다. 王 의사는 汪 의사와 마찬가지로 유명했지만, 그는 수의사였습니다. 대충대충 선생은 사람이 잘못 온 것을 알았지만, "어쨌든 王 의사와 汪 의사는 대충 비슷하니, 그에게 나를 진찰하라고 하세요."라고 말했습니다. 다음 날, 대충대충 선생의 병은 더 심해졌고, 가족들은 그가 죽을까 걱정되어서 조급한 나머지 울음을 터뜨렸습니다. 그러나 그는 "산 사람이나 죽은 사람이나 대충……비……비슷한 거야. 무슨 일이든 대……대충……비슷하면 그만이야. 너……너무 진지할……필요는 없어……"라고 말했습니다.

제1과

독해1 확인 학습

1. ③   2. ②

독해2 확인 학습

1. ①   2. ②   3. ①

연습 문제

1. (1) ①   (2) ②

듣기 내용

　　开学第一天，刘老师让同学们做自我介绍。铃木园子说："大家好！我叫铃木园子，我是从日本来的。认识大家很高兴。"金允瑞说："我叫金允瑞，我是韩国人，我是去年来到中国的。寒假没回国，是在中国度过的。这个学期我们一起加油吧！"同学们正在介绍时，胡安打开教室门，走了进来。刘老师也让他介绍一下自己。胡安说："我是西班牙人，叫胡安。我是坐公交车来的。早上我的手机丢了，我的手机不是小偷偷走的，是我自己不小心弄丢的。后来我找到了我的手机，是在公交车上找到的，所以我迟到了，真对不起。我以后不会再迟到了。"听了他的介绍，同学们都笑了。

2. (1) ○   (2) ×   (3) ×

듣기 내용

(1) A: 你是怎么来的？

　　B: 我是坐飞机来的。

(2) A: 你的手机是什么时候丢的？

　　B: 我的手机是今天上午丢的。

(3) A: 你的手机是小偷偷走的吗？

　　B: 我的手机不是小偷偷走的，是我不小心弄丢的。

3. (1) 我是晚上打的电话。

　　(2) 我(是)坐飞机来的。

4. (1) 我想来想去还是没想好。

　　(2) 这件事是谁做的？

　　(3) 我一点儿也不累。

　　(4) 我的手机不是小偷偷走的，是我不小心弄丢的。

　　(5) 你是什么时候打的电话？

5. (1) 我是和朋友一起来的。

　　(2) 你的手机是谁给你买的？

　　(3) 邻居们都跑过来问来问去。

　　(4) 这件事是不是你做的？

　　(5) 苹果一点儿也不甜。

제2과

독해1 확인 학습

1. ③   2. ②

독해2 확인 학습

1. ②   2. ③   3. ③

연습 문제

1. (1) ②   (2) ②

듣기 내용

　　汤姆喜欢梵高的画，在梵高的画中，他最喜欢的是这幅《卧室》。卧室里的家具不多，只放着一张床、两把椅子和一张小桌子。床看上去不太大，床上放着两个枕头和被子，原来这是一张双人床。桌子上摆着杯子、水瓶什么的。墙上挂着很多东西。床边的墙上挂着几幅画，还挂着几件衣服和一顶帽子。门旁边挂着毛巾和镜子。卧室里还有一扇窗户，仔细看的话，可以发现窗户没关着，而是开着的。

　　汤姆觉得，家具的颜色、墙的颜色、窗户的颜色都很特别，让人感到非常舒服。看梵高的这幅《卧室》的时候，能让自己的头脑得到休息。

2. (1) ○   (2) ×   (3) ○

듣기 내용

(1) A: 她穿着什么？

　　B: 她穿着一件大衣。

(2) A: 商店的门开着没有？

　　B: 商店的门没开着，关着呢。

(3) A: 你们班来了新同学吗？

　　B: 对啊，我们班来了一个新同学。

3. (1) 她正在听着音乐呢。

　　(2) 地铁站前边有一个电影院。

4. (1) 桌子上放着一本杂志。

(2) 我原来住在北京，现在住在上海。

(3) 他们班少了一名同学。

(4) 电影院西边是一个银行。

(5) 电脑没开着，关着呢。

5. (1) 他戴着一副眼镜。

(2) 商店的门开着没有？

(3) 同学们正在教室上课呢。

(4) 这幅画让人感到非常舒服。

(5) 她带着一把伞。

제3과

독해1 확인 학습

1. ②　　　　　　2. ①

독해2 확인 학습

1. ③　　　　　　2. ①　　　　　3. ②

연습 문제

1. (1) ③　　　　(2) ①

　　终于到了周末，铃木园子打算去看电影。到了电影院，她买了一杯可乐，又买了一桶爆米花。离电影开始还有半个多小时，她想时间还早，就坐在椅子上一边吃爆米花，一边看手机。可不小心把爆米花都撒在了地上，她只好又去买了一桶爆米花。

　　她拿着可乐和爆米花走进影厅，按照座位号找到了自己的座位，可别人坐在那个座位上。她拿着电影票看来看去，没错啊！于是她对那个人说："不好意思，这个座位是我的。您再确认一下。"那个人急忙拿出电影票确认后说："哦，我的座位是后面一排的。真抱歉！"

　　虽然今天有各种不顺利的事情，但铃木园子觉得电影很有意思，她打算下个星期再看一遍。

2. (1) ○　　　　(2) ×　　　　(3) ×

(1) A: 这首歌怎么样？

　　B: 这首歌真好听，我要再听一遍。

(2) A: 他的话是可信的吗？

　　B: 他的话是不可信的。

(3) A: 她在做什么呢？

　　B: 她听着音乐写作业呢。

3. (1) 她站着打电话呢。

(2) 那台手机是她的。

4. (1) 他不在，你明天再来吧。

(2) 刚吃完晚饭，她又吃了一块儿蛋糕。

(3) 这个座位是我的。

(4) 她听着音乐做作业。

(5) 昨天我买了一双鞋，今天又买了一双。

5. (1) 她的汉语是很流利的。

(2) 这道菜非常好吃，我要再点一份儿。

(3) 她站着打电话。

(4) 他的看法是可以理解的。

(5) 她听着听着睡着了。

제4과

독해1 확인 학습

1. ②　　　　　　2. ①

독해2 확인 학습

1. ②　　　　　　2. ②　　　　　3. ③

연습 문제

1. (1) ②　　　　(2) ③

　　今天上课的时候，刘老师让我们猜谜语。谜语一共有两个，大家也一起猜一猜吧。

　　第一个，"有时圆圆的，有时弯弯的，有时晚上出来了，有时晚上看不见。这是一个自然现象。"第二个，"耳朵长长的，尾巴短短的，眼睛红红的，喜欢跳来跳去，喜欢吃萝卜。这是一个动物。"

　　现在我来告诉大家这都是什么。第一个是月亮，第二个是兔子。你们猜对了几个？我想你们一定都猜对了！那我就再问大家一个。

"远看小小的、胖胖的，近看雪白雪白的，每天打扮得漂漂亮亮的。这是一个人。"知道是谁吗？这个人今年只有六岁，她就是我妹妹！

2. (1) ○   (2) ✕   (3) ○

듣기 내용

(1) A: 你妹妹打扮得怎么样？
    B: 我妹妹打扮得漂漂亮亮的。
(2) A: 她今天晚上会不会来？
    B: 我想她今天晚上不会来。
(3) A: 她看书吗？
    B: 她认认真真地看书。

3. (1) 你的手怎么了？
   (2) 放学了，校园里安安静静的。

4. (1) 那件衬衣洗得雪白雪白的。
   (2) 今晚我一定得把作业做完。
   (3) 我的手冻得冰凉冰凉的。
   (4) 他慢慢儿地站起来了。
   (5) 我想她没有时间。

5. (1) 那件衬衣雪白雪白的。
   (2) 我想她不知道那件事。
   (3) 明天开会，我得准备一些资料。
   (4) 出差取消了，你不用去了。
   (5) 这孩子长得白白的、胖胖的。

제5과

독해 1 확인 학습

1. ③   2. ②

독해 2 확인 학습

1. ①   2. ②   3. ②

연습 문제

1. (1) ①   (2) ②

듣기 내용

　　快到"五一"劳动节了，这个假期要做什么呢？朴智敏开始做计划。他觉得出去走一走比待在家里有意思，所以决定，要是没什么事情的话，就去旅行。这一次去哪儿呢？他查来查去，发现最近淄博烧烤很有名。淄博以前是

个不大的城市，但最近变得很现代化了，所以他决定去淄博看看。

　　自己去还是跟旅行团去？劳动节期间人比平时多得多，跟旅行团去比自己去更方便，但没有自己去自由。朴智敏决定自己去，然后再去青岛看看。他马上开始订火车票，他觉得动车最好，比普通火车快多了，而且没有高铁贵。可是动车票已经订光了，只好订了高铁。都决定好后，他高兴地说："烧烤、啤酒等着我吧！"

2. (1) ✕   (2) ○   (3) ○

듣기 내용

(1) A: 那个房子怎么样？
    B: 那个房子有点儿老化了。
(2) A: 你家的床舒服吗？
    B: 我家的床很舒服，我家的沙发比床还舒服。
(3) A: 你去不去旅行？
    B: 要是有时间的话，我就去旅行。

3. (1) 他没有我高。 /
       他不比我高。
   (2) 他比你大吗？

4. (1) 今天比昨天冷多了。
   (2) 今天没有昨天热。
   (3) 那座城市变得很现代化了。
   (4) 她妹妹比她还聪明。
   (5) 这件衣服不比那件贵。

5. (1) 他比我大一点儿。
   (2) (要是)有时间的话，我就去旅行。
   (3) 劳动节期间人比平时多得多。
   (4) 我比他大两岁。
   (5) 这台电脑比那台贵一些。

제6과

독해 1 확인 학습

1. ③   2. ②

독해 2 확인 학습

1. ②   2. ③   3. ②

연습 문제

1. (1) ③　　　　　(2) ②

듣기 내용

　　天气预报说，梅雨季节马上就要到了，今年的梅雨会持续很长时间，雨会下两三个星期，所以让市民提前做好准备。金允瑞也做了不少准备。

　　梅雨季节，空气潮得不行，衣服洗了很不容易干，所以允瑞先把要洗的衣服都洗了。然后买了除湿用品，放在衣柜、鞋柜里，还放了一些报纸。她还买了一双雨鞋，下雨的时候，穿着雨鞋出门会比较方便。雨鞋是在网上买的，已经买了三天了还没收到。鞋是黄色的，是今年的流行色，一定会很漂亮。允瑞每天盼着她的快递，她觉得两三天后会送来的。

2. (1) ○　　　　(2) ✕　　　　(3) ✕

듣기 내용

(1) A: 要不要我替你订机票？
　　B: 我已经订了机票了。
(2) A: 你心情怎么样？
　　B: 我心情好得很。
(3) A: 你觉得今天她会来吗？
　　B: 已经这么晚了，她不会来的。

3. (1) 我学了一年的汉语了。
　 (2) 天气非常好，今天不会下雨的。

4. (1) 你劝他别喝酒了。
　 (2) 我学了一年的汉语了。
　 (3) 你觉得今天会下雪吗？
　 (4) 放心吧，我会完成任务的。
　 (5) 工作太忙了，三四天没回家。

5. (1) 天气这么暖和，不会下雪的。
　 (2) 不要睡了，该起床了。
　 (3) 我已经订了机票了。
　 (4) 我爬山累得慌。
　 (5) 我等了你两个小时了。

단어 확인 학습

제1과

1. 旅游　　　　　　2. 迟到
3. 许多　　　　　　4. 白
5. 开学

6. yīnwèi　　　　　7. ānwèi
8. Xībānyá　　　　 9. jiē
10. bǎozhù

11. 몡 기사, 운전사
12. 동 조급해하다, 초조해하다
13. 몡동 축하(하다)
14. 동 보내다, 지내다
15. 몡 이전, 옛날

제2과

1. 仔细　　　　　　2. 眼镜
3. 警察　　　　　　4. 楼
5. 通知

6. wòshì　　　　　 7. yánsè
8. guìyì　　　　　 9. dé
10. shuāng

11. 동 발생하다, 생기다
12. 동 끌다, 당기다
13. 몡 임무, 책무
14. 동 (고리·못 따위에) 걸다
15. 몡 열쇠

제3과

1. 办法　　　　　　2. 终于
3. 顺利　　　　　　4. 主意
5. 按照

6. kěxìn　　　　　 7. hànbǎobāo
8. tǎolùn　　　　　9. gǔ//zhǎng
10. gāi

11. 젭 그래서, 그리하여
12. 혱 미안하다
13. 혱 급하다, 바쁘다
14. 동 믿다
15. 혱 거짓의, 가짜의

제4과

1. 打扮　　　　　2. 出差
3. 现象　　　　　4. 紧张
5. 取消

6. wān　　　　　7. děi
8. cāi　　　　　9. ānjìng
10. jīdòng

11. 형 평안하다
12. 명 미끄럼틀
13. 명 꼬리
14. 명 자료
15. 형 새하얗다

제5과

1. 订　　　　　　2. 决定
3. 答应　　　　　4. 旅行
5. 力气

6. gāotiě　　　　7. pǔtōng
8. shū　　　　　9. qījiān
10. dàzhòng

11. 동 물을 뿌리다(주다) 浇一下水
12. 명 노동절, 근로자의 날
13. 동 검사하다, 찾아보다
14. 동 파다, 파내다
15. 형 뛰어나다, 훌륭하다

제6과

1. 持续　　　　　2. 研究
3. 放心　　　　　4. 吸烟
5. 换

6. bǎoguǎn　　　7. yàomìng
8. ěrjī　　　　　9. gōngzī
10. jìjié

11. 동 권하다, 충고하다
12. 화를 내다, 성질을 내다
13. 동 바라다, 보다
14. 형 죽을 정도이다, 심하다
15. 매우, 대단히

제1과

- Nǐ de shǒujī shì xiǎotōu tōuzǒu de ma?
  네 휴대폰은 도둑이 훔쳐간 거야?

- Wǒ kàn lái kàn qù háishi méi kàn míngbai.
  나는 아무리 봐도 아직 이해하지 못하겠다.

- Nǐ de shǒujī shì zěnme zhǎodào de?
  당신 휴대폰은 어떻게 찾았나요?

- 他/她一点儿也不像妈妈。
  그/그녀는 조금도 엄마를 닮지 않았다.

- 我找来找去还是没找到。
  나는 여기저기 찾았지만 아직 찾지 못했다.

- 我(是)从首尔来的。
  나는 서울에서 왔다.

제2과

- Fángjiān li guà zhe liǎng zhāng huà.
  방에 그림 두 장이 걸려 있다.

- Diànnǎo méi kāi zhe, guān zhe ne.
  컴퓨터는 켜 있지 않고, 꺼져 있다.

- Yuánlái zhè shì yì zhāng shuāngrén chuáng.
  알고 보니 이것은 2인용 침대이다.

- 屋里跑出来一个人。
  방에서 한 사람이 뛰어나왔다.

- 怪不得他/她不在教室，原来他/她请假了。
  어쩐지 그/그녀가 교실에 없다 했더니, 알고 보니
  그/그녀는 결석계를 냈다.

- 他/她还住在原来的地方。
  그/그녀는 여전히 원래 장소에 산다.

제3과

- Tā hē zhe chá liáo tiānr ne.
  그녀는 차를 마시면서 이야기를 하고 있다.

- Huídào jiā hòu, tā yòu diǎn le yì pán bǐsàbǐng.
  집에 돌아온 후, 그녀는 피자 한 판을 또 주문했다.

- Wǒ xíguàn chīwán fàn zài qù jiànshēnfáng.
  나는 밥을 먹고 나서 헬스장에 가는 것이 습관이 되었다.

- 他/她是开车的(人)。
  그/그녀는 운전사이다.

- 他/她的看法是不能理解的。

  그/그녀의 견해를 이해할 수 없다.

- 他/她说着说着又生气了。

  그/그녀는 계속 말하다가 또 화를 냈다.

제4과

- Zhěng ge chéngshì dōu shì xuěbái xuěbái de.

  도시 전체가 새하얗다.

- Tíng diàn le, fángjiān qīhēi qīhēi de, shénme yě kàn bu jiàn.

  정전이 되어 방안이 칠흑같이 어둡고 아무것도 보이지 않는다.

- Qùnián wǒ dé le liǎng cì gǎnmào.

  작년에 나는 감기에 두 번 걸렸다.

- 我听得懂老师的话。

  나는 선생님 말씀을 듣고 이해할 수 있다.

- 这孩子长得白白的。

  이 아이는 새하얗게 생겼다.

- 我想明天不会下雨的。

  나는 내일 비가 안 올 거라고 생각한다.

제5과

- Gāotiě bǐ pǔtōng huǒchē kuài de duō.

  고속 철도는 일반 기차보다 훨씬 빠르다.

- Tā hěn cōngmíng, tā mèimei bǐ tā hái cōngmíng.

  그녀는 똑똑한데, 그녀의 여동생이 그녀보다 더 똑똑하다.

- Nà ge fángzi yǒudiǎnr lǎohuà le.

  그 집은 조금 낡았다.

- 他/她不比我高。

  그/그녀가 나보다 (키가) 큰 건 아니다.(그/그녀는 나와 키가 비슷하다.)

- 要是下雨的话，我就不去野营了。

  만약 비가 온다면, 나는 캠핑을 안 갈 것이다.

- 普洱茶变得更大众化了。

  보이차는 더욱 대중화되었다.

제6과

- Wǒ zuò le liǎng ge xiǎoshí de huǒchē le.

  나는 두 시간째 기차를 타고 있다.

- Wǒ xīnqíng hǎo de hěn.

  나는 기분이 무척 좋다.

- Wǒ yǐjīng zuò le fàn le.

  나는 이미 밥을 했다.

- 你劝他/她别吸烟了。

  네가 그/그녀에게 금연하라고 권해라.

- 护照丢了，他/她急得不得了。

  여권을 잃어버려서, 그/그녀는 대단히 초조해했다.

- 每个班都有十八九个学生。

  각 반에는 열여덟아홉 명의 학생이 있다.

주요 표현 확인 학습

제1과

① 的   ② 不是

③ 去   ④ 来

⑤ 也   ⑥ 匹

제2과

① 怪不得   ② 着

③ 原来   ④ 在

⑤ 了   ⑥ 没有

제3과

① 着   ② 又

③ 再   ④ 是

⑤ 还   ⑥ 的

제4과

① 得   ② 地

③ 想   ④ 冰凉冰凉

⑤ 高高兴兴   ⑥ 得(děi)

제5과

① 还   ② 没有

③ 不比   ④ 的话

⑤ 就   ⑥ 了

제6과

① 别   ② 了

③ 不会   ④ 的

⑤ 别   ⑥ 了

제8과

독해1 확인 학습

1. ②　　　　　　　2. ②

독해 2 확인 학습

1. ②　　　　2. ③　　　　3. ②

연습 문제

1. (1) ①　　　　(2) ③

> 듣기 내용
>
> 　春天过去了，夏天就要到了，衣服、被子什么的都要换一换了，所以今天王明决定，趁这个机会做个大扫除。他忙了大半天，现在坐在沙发上休息，然后把今天做了的事情和还要做的事情整理了一下。
>
> 　做了的事情：
> ☑ 春天的衣服整理好后，收起来了。
> ☑ 夏天的衣服和被子拿出来了。
> ☑ 书架上的书拿下来后，
> 　把书架整理了一遍。
> ☑ 扔了两趟垃圾。
>
> 　要做的事情：
> ○ 被子拿去洗衣房。
> ○ 小狗带出去散步。
> ○ 买回来一杯奶茶。
>
> 　王明想："要做的事情还有很多，洗被子，顺便带小狗散步，回来的路上再买一杯奶茶，真是完美的计划！现在就去！"

2. (1) ○　　　　(2) ✕　　　　(3) ✕

> 듣기 내용
>
> (1) A: 她从外边买回来什么?
> 　　B: 她从外边买回来两杯奶茶。
> (2) A: 这条裤子怎么样?
> 　　B: 这条裤子虽然很好看，可是太贵了。
> (3) A: 你弟弟怎么样?
> 　　B: 我弟弟虽然年纪小，但是很懂事。

3. (1) 她从书架上拿下来什么?
　　(2) 上海你来过几回?

4. (1) 他飞回西班牙去了。
　　(2) 你的大衣找出来了。
　　(3) 她从外边买回来两杯奶茶。
　　(4) 虽然这条裤子很好看，但是太贵了。
　　(5) 她走进来了。

5. (1) 你的手机掉下来了。
　　(2) 老师走回教室来了。
　　(3) 胡安那儿我去过两回。
　　(4) 图书馆已经关门了，我白跑了一趟。
　　(5) 从冰箱里拿出来五个西红柿。

제9과

독해1 확인 학습

1. ③　　　　　　　2. ②

독해 2 확인 학습

1. ①　　　　2. ③　　　　3. ①

연습 문제

1. (1) ①　　　　(2) ②

> 듣기 내용
>
> 　今天刘老师给我们讲了一个故事，故事是这样的。从前，有一个人非常喜欢龙。他家的门上有龙，窗户上有龙，桌子上画着龙，椅子上画着龙，衣服上也都是龙。他每天对别人说："用这个画着龙的杯子喝一口茶，味道好得不得了！""坐在这个画着龙的椅子上，舒服得一整天不想站起来！"如果别人送他画着龙的东西，他就高兴得手舞足蹈。
>
> 　他喜欢龙的消息被天上的真龙知道了，真龙想："没想到还有这么喜欢我的人，为这件事我很感动，我得下去看看这个人。"真龙从天上飞下来，来到了这个人家里，叫了一声："喂！……"这个人惊讶地问："谁在叫我?""我是真龙，因为听说你非常喜欢我，所以我来看看你。"他看了一眼房顶，发现真龙就在上面看着自己，吓得说不出话来，然后大叫一声逃走了。
>
> 　真龙为这件事感到很失望，也很生气，气得飞回天上，再也没下来过。

2. (1) ○ (2) ○ (3) ○

(1) A: 你要出去玩儿吗?
   B: 因为今天下大雨，所以不想出去玩儿。
(2) A: 他怎么了?
   B: 他为这件事感到非常高兴。
(3) A: 按照天气预报，明天天气怎么样?
   B: 按照天气预报，明天要下雨。

3. (1) 我为那件事感到着急。
   (2) 你为什么来晚了?

4. (1) 看到那个情况，他气得说不出话来。
   (2) 他今天来得不晚。
   (3) 根据天气预报，明天要下雨。
   (4) 他吃了一口苹果，又喝了一杯奶茶。
   (5) 因为路上很堵，所以我来晚了。

5. (1) 我今天忙得连吃饭的时间都没有。
   (2) 他为那件事感到很生气。
   (3) 听到他的消息，我高兴得睡不着觉。
   (4) 他讲得大家都笑了。
   (5) 我激动得睡不着觉。

제10과

독해1 확인 학습

1. ① 2. ②

독해 2 확인 학습

1. ① 2. ③ 3. ②

연습 문제

1. (1) ③ (2) ②

　这几天天气热起来了，希望观众朋友们多注意身体。今天我们要给大家推荐的是一款笔记本电脑。这款电脑内存非常大，可以看电影，可以看视频，也可以玩儿游戏。最近线上工作或者学习的机会多起来了，工作或者学习，看大屏幕，眼睛不会觉得太累。很多朋友对我说，平板电脑虽然很方便，但小屏幕对眼睛非常不好。您看，跟平板电脑这样放在一起，就能看出来这款电脑的屏幕很大吧?

　除了这些以外，还有什么其他特点呢?您听我继续说下去。这个屏幕可以360度翻过来，还可以用这个写字笔，非常方便。更重要的是一点儿也不重，对上班族或者学生都非常合适。我再跟您说一下价格。8888，这个价格只有今天一天，数量也不多，现在只有35台、34台、32台了! 快拿起您的电话，给我们打电话吧!

2. (1) ○ (2) ✕ (3) ✕

(1) A: 那件事还要讨论吗?
   B: 那件事还要继续讨论下去。
(2) A: 这首歌听了几遍了?
   B: 这首歌我都听了好几遍了。
(3) A: 我想和你们俩一起去，可以吗?
   B: 当然可以，我们也想和你一起去。

3. (1) 手机我都找了好几遍了。
   (2) 和中国人聊天儿对提高口语水平有好处。

4. (1) 他对这儿的生活不太习惯。
   (2) 他的中文名字我想起来了。
   (3) 请站起来一下。
   (4) 房间慢慢儿地暖和起来了。
   (5) 我想给他买一本书。

5. (1) 弟弟从楼上走下来了。
   (2) 我觉得应该先跟她商量一下。
   (3) 我已经好几年没运动了。
   (4) 最近天气热起来了。
   (5) 我又给你添麻烦了。

제11과

독해1 확인 학습

1. ③ 2. ②

독해 2 확인 학습

1. ① 2. ② 3. ②

연습 문제

1. (1) ③ (2) ②

듣기 내용

以前，森林里有一只老虎很凶猛，动物们都怕它，称它为大王。森林里还有一只狐狸很聪明。有一天，老虎在森林里散步，路上碰到了这只狐狸，一下子就抓住了它。

狐狸看到自己没办法逃跑，就想了一个办法。它对老虎说："你不能吃掉我！天帝选我当大王，你吃了我，天帝会生气的。你要是不信，就让我带你在森林里走一圈，看看动物们是不是见到我就逃跑。"老虎说："我不信！大家都认我做大王，怎么可能是你？如果没有人怕你，我就吃掉你！"说完，就让狐狸走在前面，自己跟在后面。

森林里的动物们看到凶猛的老虎跟在狐狸的后面，都马上逃跑了。老虎看到动物们逃跑了，以为狐狸真的是大王，怕天帝生气，所以也马上逃跑了。

2. (1) ○　　　(2) ○　　　(3) ○

듣기 내용

(1) A: 老师叫你做什么？
　　B: 老师叫我回答问题。
(2) A: 你们那儿有没有人姓金？
　　B: 我们这儿没有人姓金。
(3) A: 汉语难不难？
　　B: 汉语不但容易，而且很有意思。

3. (1) 我们这儿没有人懂西班牙语。
　　(2) 我们选他当班长。

4. (1) 我们称他为英雄。
　　(2) 汉语不但容易，而且很有意思。
　　(3) 有一个人在门口等你。
　　(4) 没有几个人知道这个方法。
　　(5) 我有个朋友上北京大学。

5. (1) 他请我介绍情况。
　　(2) 没有人知道小王在哪儿。
　　(3) 妈妈让我去超市买东西。
　　(4) 森林里有一只老虎很凶猛。
　　(5) 这样不但对身体好，而且能带来好心情。

제12과

독해1 확인 학습

1. ③　　　2. ②

독해2 확인 학습

1. ①　　　2. ②　　　3. ②

연습 문제

1. (1) ①　　　(2) ③

듣기 내용

招聘启事

工作内容：
・把韩语翻译成汉语，或者把汉语翻译成韩语
・把字幕添加到电影、电视剧中

应聘条件：
・汉语、韩语水平考试证明
・工作认真，有热情
・每天可以工作3-4个小时
・有电影、电视剧翻译工作经验的人优先

应聘流程：
・发送简历 ▶ 试翻译 ▶ 签约

朴智敏很喜欢看电视剧，对韩中文化交流也很感兴趣。他看到了一条招聘启事，工作是翻译电影和电视剧。这份兼职不是一定要去公司上班，而是可以在家工作，工作时间比较自由。在中国的这几年，他把时间都花在学汉语上了，汉语水平很高，所以他想试一试。他把简历发送到了公司，希望能和公司签约。

2. (1) ○　　　(2) ✕　　　(3) ○

듣기 내용

(1) A: 这是不是你的衣服？
　　B: 这不是我的衣服，而是她的衣服。
(2) A: 你把钱包放在桌子上了吗？
　　B: 我把钱包放在桌子上了。
(3) A: 你能把这个句子翻译成汉语吗？
　　B: 我可以把这个句子翻译成汉语。

3. (1) 我把车开到门口了。
　　(2) 我把人民币换成美元了。

4. ⑴ 我把书放在桌子上了。
   ⑵ 我明天要把作业交给老师。
   ⑶ 我不是不想去，而是有事不能去。
   ⑷ 我可以把这个句子翻译成汉语。
   ⑸ 我还没把那本书还给图书馆。

5. ⑴ 我已经把朋友送到机场了。
   ⑵ 我把自行车借给朋友了。
   ⑶ 我没把自行车停在楼下。
   ⑷ 她们也把光头看作美的象征。
   ⑸ 他把简历发送到了公司。

제13과

독해1 확인 학습

1. ②   2. ③

독해2 확인 학습

1. ③   2. ③   3. ②

연습 문제

1. ⑴ ②   ⑵ ②

듣기 내용

　　现在住的地方到公司只能坐公交车，上下班高峰时间特别堵。我想，坐公交车没有坐地铁方便，所以决定搬到地铁站附近。搬家前简单地把东西整理了一下，突然看到了以前的相册，就坐在沙发上慢慢儿地看起来。从幼儿园到大学，变化真大呀！

　　这是几岁时的照片呢？我只有桌子那么高，弟弟王明也只到我的肩膀。我记得弟弟总是说"我没有姐姐跑得快"、"我没有姐姐写得好"等等，然后就伤心得哭起来。那时候的我们真可爱！这张应该是上初中的时候，弟弟已经有爸爸那么高了。他的个子超过我后，总是开玩笑说："姐，你的个子没有我高，你得听我的。"那时候弟弟只是个子长高了，其实还是和小孩子一样天真。小时候我们常常吵架，但现在我们珍惜彼此。

　　一转眼，我们都长大了。看着这些照片，想起小时候住过的地方。不知道那儿是不是还和以前一样，不知道那个我们每天都去的文具店还有没有。以后有时间的话，一定要回去看一看。

2. ⑴ ✕   ⑵ ◯   ⑶ ✕

듣기 내용

⑴ A: 你的想法跟我一样吗？
　　B: 我的想法跟你一样。
⑵ A: 你的房间有我的房间这么干净吗？
　　B: 我的房间有你的房间那么干净。
⑶ A: 坐公交车快吗？
　　B: 坐公交车没有坐地铁那么快。

3. ⑴ 儿子有爸爸那么高。
   ⑵ 我跟你一样喜欢吃中国菜。

4. ⑴ 我的想法跟你一样。
   ⑵ 他的意见跟别人不一样。
   ⑶ 今天跟昨天一样热。
   ⑷ 这件衣服没有那件那么漂亮。
   ⑸ 我跟他一样喜欢吃中国菜。

5. ⑴ 这儿的条件跟那儿不一样。
   ⑵ 他长得跟他哥哥一样。
   ⑶ 今天有昨天那么冷。
   ⑷ 今天和明天也差不多。
   ⑸ 弟弟已经有爸爸那么高了。

제14과

단어 확인 학습

제8과

1. 顺便   2. 简单
3. 关门   4. 垃圾
5. 洗手间

6. dǒngshì   7. nǐ
8. táng   9. chèn
10. xìngnéng

11. 양 차례, 번 왕복의 횟수를 세는 단위
12. 명 동 청소(하다)
13. 명 지금 막, 방금
14. 동 던지다, 내버리다
15. 동 거두어들이다, 거두다

제9과

1. 消息   2. 后悔
3. 根据   4. 经验

5. 继续

6. sōng//qì   7. guòmǐn
8. dǔ   9. xià
10. yóuyú

11. 동 이해하다
12. 동 추천하다
13. 동 취재하다, 인터뷰하다
14. 형 겸손하다
15. 형 유머러스하다

제10과
1. 合作   2. 提高
3. 环境   4. 特点
5. 传统

6. guàng//jiē   7. bāngzhù
8. jiǎnféi   9. rènao
10. chuánchéng

11. 전 ～을(를) 제외하고, ～이외에 뒤에 以外를 함
　　께 사용할 수도 있음
12. 동 견지하다, 지속하다
13. 명 직장인, 샐러리맨
14. 명 동영상
15. 명 의미, 가치

제11과
1. 保持   2. 综合
3. 选   4. 补充
5. 代表

6. shíwù   7. pà
8. pèng   9. sēnlín
10. tóngshì

11. 명 피아니스트
12. 명 화장품
13. 접 ～뿐만 아니라
14. 명 바나나
15. 동 포함하다

제12과
1. 兴趣   2. 证明
3. 举行   4. 好运
5. 婚礼

6. xiàngzhēng   7. fānyì
8. tiānjiā   9. qǐshì
10. wèishēng

11. 명 참가 신청서
12. 명 이력서, 약력
13. 동 (계약·조약서에) 서명하다, 체결하다 签下约
14. 동 모집하다, 초빙하다
15. 명 소수민족

제13과
1. 错过   2. 吵架
3. 造成   4. 珍惜
5. 地图

6. zhuǎnyǎn   7. xiàngcè
8. fǎnzhèng   9. wěiqu
10. gāofēng shíjiān

11. 부 도리어, ～지만
12. 명 말버릇
13. 형 중요하다, 심각하다
14. 부 갑자기, 돌연
15. 동 초과하다, 추월하다

문장 확인 학습

제8과
- Tā cóng dì shang jiǎn qǐlái yì tái shǒujī.
　그녀는 바닥에서 휴대폰 한 대를 주웠다.
- Wǒ xiànzài qù yí tàng biànlìdiàn.
　나는 지금 편의점에 다녀오려고 한다.
- Shànghǎi nǐ lái guo jǐ huí?
　상하이에 너는 몇 번 와봤니?
- 你的雨伞带回来了。
　네 우산을 가지고 돌아왔다.
- 我弟弟虽然年纪小，但是很懂事。
　내 남동생은 비록 나이는 어리지만 철이 들었다.
- 他/她把车开回家去了。
　그/그녀는 차를 운전해서 집에 돌아갔다.

제9과
- Kànwán nà bù diànyǐng, wǒ gǎndòng de liú
　xià le yǎnlèi.
　그 영화를 다 보고 나서, 나는 감동해서 눈물을 흘렸다.

- Gēnjù wǒ de jīngyàn, bàn nà jiàn shì xūyào yí ge xīngqī.

  내 경험에 따르면, 그 일을 처리하는 데 일주일이 걸릴 것이다.
- Tā Hànyǔ shuō de hěn liúlì.

  그는 중국어를 유창하게 한다.
- 他/她为那件事感到非常失望。

  그/그녀는 그 일 때문에 매우 실망했다.
- 他/她松了一口气，然后露出了微笑。

  그/그녀는 한숨을 내쉬고 나서 미소를 지었다.
- 按照学校规定，你必须今年毕业。

  학교 규정에 따르면, 너는 반드시 올해 졸업해야 한다.

제10과
- Qǐng nǐ jìxù shuō xiàqù.

  계속해서 말씀해 주십시오.
- Tā de bìng mànmānr hǎo qǐlái le.

  그의 병은 천천히 좋아지기 시작했다.
- Hé Zhōngguórén liáo tiānr duì tígāo kǒuyǔ shuǐpíng hěn yǒu hǎochù.

  중국인과 이야기를 나누는 것은 회화 실력 향상에 매우 좋다.
- 我们的传统文化还要继续传承下去。

  우리의 전통문화는 계속 전승해 나가야 한다.
- 这辆车我修了好几次了。

  이 차를 나는 여러 번 수리했다.
- 李丽对每个人都很热情。

  리리는 모두에게 친절하다.

제11과
- Tīngshuō tā yǒu yí ge péngyou shàng Běijīng Dàxué.

  듣자 하니 그는 베이징대학에 다니는 친구가 한 명 있다고 한다.
- Zhè zhǒng chǎnpǐn búdàn zhìliàng hǎo, érqiě jiàgé yě piányi.

  이런 상품은 품질이 좋을 뿐만 아니라, 가격도 저렴하다.
- Tā qǐng wǒ lái tā jiā chī fàn.

  그녀는 내게 그녀의 집에 밥 먹으러 오라고 요청했다.
- 我们班没有人懂西班牙语。

  우리 반에는 스페인어를 아는 사람이 없다.
- 我们选他/她当代表。

  우리는 그/그녀를 대표로 뽑았다.

- 他/她有一个孩子很可爱。

  그/그녀는 귀여운 아이가 하나 있다.

제12과
- Wǒ bǎ zhàopiàn fāgěi wǒ māma.

  나는 사진을 우리 엄마에게 보냈다.
- Wǒ méi bǎ mèimei sòngdào jīchǎng.

  나는 여동생을 공항에 데려다주지 않았다.
- Zhè bú shì wǒ de yīfu, ér shì nǐ de yīfu.

  이것은 내 옷이 아니라, 네 옷이다.
- 你可以把这儿当作自己的家。

  너는 이곳을 네 집으로 여길 수 있다.
- 我还没把这个WORD文件转换成PDF文件。

  나는 아직 이 WORD 문서를 PDF 문서로 변환하지 않았다.
- 我把作业交给老师了。

  나는 숙제를 선생님께 제출했다.

제13과
- Zhèr de tiáojiàn gēn nàr yíyàng.

  이곳의 조건은 저곳과 같다.
- Tā mèimei yǒu tā nàme kě'ài.

  그녀의 여동생은 그녀만큼 귀엽다.
- Tā kǎo de gēn wǒ yíyàng hǎo.

  그는 시험을 나랑 똑같이 잘 봤다.
- 坐公交车没有坐地铁那么快。

  버스 타는 것은 지하철 타는 것만큼 그렇게 빠르지 않다.
- 他/她的年纪跟我不一样。

  그/그녀의 나이는 나와 다르다.
- 你的衣服没有我的漂亮。

  네 옷은 내 옷만큼 예쁘지 않다.

주요 표현 확인 학습
제8과

① 从　　　　② 回
③ 趟　　　　④ 虽然
⑤ 但是　　　⑥ 来

제9과

① 为　　　　② 根据
③ 一口　　　④ 得
⑤ 由于　　　⑥ 所以

제10과
① 起来　　　② 下去
③ 对　　　　④ 想
⑤ 好几　　　⑥ 和

제11과
① 听说　　　② 没有
③ 不但　　　④ 有
⑤ 而且　　　⑥ 认

제12과
① 而是　　　② 到
③ 没　　　　④ 不是
⑤ 把　　　　⑥ 给

제13과
① 跟　　　　② 有
③ 那么　　　④ 一样
⑤ 没有　　　⑥ 得